白水iクラシックス

革命宗教の起源

アルベール・マチエ
杉本隆司 訳

白水社

革命宗教の起源

Albert Mathiez

Les origines des cultes révolutionaires, 1789-1792

Robespierre et le culte de l'Être suprême

目次

革命史学の革命、そして革命の希望　5
革命宗教の起源　7
ロベスピエールと最高存在の崇拝　181
訳注　223
訳者あとがき　231
解説　マチエの革命宗教論を読む　239
フランス革命略年表　247

凡例

一、底本としたテキストとして、『革命宗教の起源』は *Les origines des cultes révolutionnaires, 1789-1792*, Société nouvelle de librairie et d'édition, Paris, 1904 を、論文「ロベスピエールと最高存在の崇拝」は « Robespierre et le culte de l'Être suprême », *Annales Révolutionnaires, Organe de la Société des Études Robespierristes*, t.3, 1910 をそれぞれ使用した。後者の論文はマチエの選集（*Autour de Robespierre*, Payot, 1925）にも収められ、その英訳版（*The fall of Robespierre : and other essays*, New York, 1927）もある。訳出にはこの二つの版も参照した。

一、本文中の（　）はマチエ自身の、〔　〕は訳者の補足をそれぞれ表す。

一、原文がイタリックの場合、著作や作品の場合を除き、原則として圏点を振った。

一、原注は1、2……のアラビア数字で示し、それぞれの著作の末尾に一括して掲げた。訳注は一、二……の漢数字で示し、巻末に一括して掲げた。

一、一七八九年六月十七日に成立する「国民議会」は同年七月九日に「憲法制定（国民）議会」に呼称を代えるが、しばしばマチエはそのまま「国民議会」の通称を用いている点をあらかじめお断りしておく。

革命史学の革命、そして革命の希望

ソルボンヌのフランス革命史講座の初代教授を務めたアルフォンス・オラールの薫陶を受け、やがて公然と師に反旗を翻したアルベール・マチエ（一八七四―一九三二）。正統派に不満を抱くとき、ルサンチマンと無縁であることは難しい。それはしばしば、相手にダメージを与える以上に、みずからの身をすり減らす。周りはゴシップ談義に興じるが、それも狭い学会の内輪話だ。それでも論争を仕掛けた者が、研究対象を根源的にとらえ返し、包括的な新機軸を打ち出す場合がある。さて、マチエはその典型か。

マチエが革命宗教の研究にデュルケムの社会学を持ち込んだのは間違っていなかったと評すのは、二十世紀半ばの革命史学の大家ジョルジュ・ルフェーヴルだ。この碩学はこうも述べている。「フランス革命が宗教的な発作として受け取られたのは、おそらくフランス革命が大いなる希望であったからである」。

学問の世界では学際性が叫ばれて久しい。今日、アラブ世界では革命が起き、ほのかに見えた希望はしかし失望や不安と隣り合わせだ。日本社会では一定規模以上の暴動を想像することさえ難しいが、閉塞感と諦念のまっただなかで希望を構築しなければならない時代のようだ。世界の動向は遠いようで近い。

日本語で読めるマチエの著作は、これまで『フランス大革命』（ねずまさし・市原豊太訳、岩波文庫、全三巻）のみだった。一九二〇年代に原書が刊行されたこの本の、一九八五年の再版（ドゥノエル版）に序文を寄せたミシェル・ヴォヴェルによると、『革命宗教の起源』を含む初期マチエの宗教史研究は一番よく知られていない点だという。そして、一九一〇年の「ロベスピエールと最高存在の崇拝」には、マチエのエッセンスが詰まっていて、オラールとの違いが最も良く表われているという。

今マチエを読むのは、明らかに反時代的だ。だがそれを、時代錯誤と言うことができるだろうか。

伊達聖伸

アルベール・マチエ（1874–1932）

革命宗教の起源

はしがき　9
第一部　革命宗教　10
第二部　新宗教と旧宗教はどのように訣別したか？　77
第一章　憲法制定議会期の反教権運動　77
第二章　立法議会期の反教権運動　97

はしがき

本書はあくまで試論であり、決定版であるなどと自負するつもりはない。たんに革命礼拝の研究に一つの新たな方向を示したいと思っているにすぎない。私は一つのテーゼを提起し、それを証明するためにいくつかの論拠を示したが、誰よりも自分の議論がいかに不十分で、暫定的なものであるかをよく承知している。いずれにしても、それはおそらく論議を呼ぶことだろう。ただこうした論戦が歴史学になにがしか貢献するのであれば、私はそれで十分満足である。

第一部　革命宗教

I

これまでの革命礼拝研究の否定的な見方　これまで久しく歴史家の多くは、革命礼拝とは諸々の状況にせかされて政治家が思いつきで作り上げた人為的産物にすぎないと常に考えてきた。大革命の直系の弟子を自認している人々でさえ、革命礼拝という試みとは何だったのかを真剣に考えてこなかったし、固有の意味での宗教的観点に立ってそれを研究したり、判断しようともしなかった。彼らにとって理性の崇拝[一]、最高存在の崇拝[二]、敬神博愛教[三]、旬日礼拝[四]などはことごとくフランス革命の政治史の一頁にすぎず、どれも旧体制の擁護者に対する「愛国派[五]」の闘いのエピソードでしかなかった。こうした疑似宗教はさっさと消え去ったので、ほぼ完全に無視されるか、もっとひどい場合は陽炎のごときこうした宗教に対して、からかい半分に軽蔑的な言辞が投げられることも稀ではなかった。歴史家はむしろ持続的なものを好んで重視するからである。

　ではカトリックの作家たちはどうだろう。彼らが革命礼拝に言及するのは、ひたすらそれによってキリスト教が受けた迫害を物語るためか、あるいは犠牲になった殉教者のリストをつくる場合に限られる。大抵の場合、彼らはその篤い信仰心から革命の宗教的産物について、ことさらその卑小で不快な側面ばかりをあげつらうのに熱心である。

自由主義の歴史家　いわゆる自由主義の歴史家のなかでは、アドルフ・ティエールが敬神博愛教の信者について、次のような間違いだらけの一文を綴っている。「こうした党派的で愚かな連中は、徳、勇気、禁欲、慈悲などを讃えて祝祭を挙げ、かつて人々がミサを行っていた祭壇に、決まった日に献花していた」。したがって信者のこうした罰当たりな喜劇を終わらせた点で、彼は当然にもボナパルトに賛同する。「誠実なカトリック教徒にとって、良識や大多数の信仰〔キリスト教〕に払うべき敬意から考えて、禁じられて然るべきだったのは、まさに宗教体系を冒瀆するこうした行為であった」[1]。

エドガー・キネは辛辣な皮肉を込めて、ルターの大胆な勇気とダントンおよびロベスピエールの優柔不断さを対比させている。彼は十六世紀の宗教改革者たちの――彼のいうことを信じれば――原動力となった深い宗教感情を、革命礼拝の創始者たちには否定する。彼は、劇場の捥《も》ぎりだったエベールが作った役者の宗教、すなわち理性の崇拝を酷評した。マルボローの歌[六]よろしく古い信仰は葬り去ったつもりになっていた革命家や、カトリシズムを力づくで弾圧することに躊躇し、結局、フリメール十八日の弱腰な政令で反革命を救済する恐怖政治家《テロリスト》のいつもながらのやり方と軽薄な精神に冷笑を浴びせるキネのいうところを聞こう。彼は辛辣にもしたり顔でこう叫ぶ。「当時、彼らはドミニコ会やトルケマダ派[七]のような連中よりも、旧宗教のために役立ったのである！」[2]。

キネにさらに輪をかけた発言をしているのが、その同宗者〔プロテスタント〕であるエドモン・ド・プレサンセ氏である。彼の場合、革命礼拝、とりわけ敬神博愛教に対して「哀れな喜劇」、「他愛ない牧歌劇」[3]などと辛辣な言葉を吐いている。

なるほど確かにミシュレは連盟祭を感情溢れる美しい文章で描いている。彼は正当にも、この祭典を一つの新たな信仰の最初の表明であると考えた。ミシュレほど、こうした革命の情景が醸し出す宗教的な性格に気づいた作家はいない。だが彼は単にそれに気づいたというだけで、革命宗教の一貫性を見落とした。ミシュレもまた、革命宗教の外的な表出であるあまたの礼拝は、どこまでも創造性に乏しい不器用な政治家たちのまったくの空想の産物だと考えたのである[4]。

エミール・ガーション氏[5]は、市民宗教を創設しようとする革命家の企てのなかに気高く真面目な要素があることをおそらくもっとも良く理解した人物の一人である。しかし、その著作（グレゴワールの『党派史』の一部の単なる摘要なのだが）をみると、彼の主たるモチベーションは、単に歴史作品を純粋に書きたいというよりも、プロテスタンティズムの利害関心に貫かれているといったほうがよい。しかも彼もまた革命宗教の真の性格を見誤った。実は敬神博愛教も、理性の崇拝や最高存在の崇拝と同じように革命宗教の一時的な形態の一つにすぎなかったからである。

真理の探究とは無縁な底意が研究の動機であったとするこうした批判は、理性の崇拝と最高存在の崇拝に関する近年の最も優れた歴史家オラール氏[八]にはあてはまらないだろう。彼はもろもろの革命礼拝の歴史的重要性を正確に見てとり、それを生みだした運動が「フランスと人類の歴史のもっとも興味深いもの」[6]の一つであると、はっきり述べているからである。彼がそこに見たものは「過去のフランス史のなかにルーツを持たず、歴史的事件ともかかわりのない一つの哲学的・宗教的な企てや、歴史や民族への暴力だけではなかった。それは、新しい精神への旧体制の抵抗によって革命が投げ込まれた戦争状態からの必然的な、むしろ政治的な帰結」でもあった。別の言い方をするなら、わが先人たちは「理性の女神をノートルダム寺院に運び込み、あるいはシャン・ド・マルスでルソーの神の栄誉を称えることで、何よりも一つの政治的目的を定めたのであって、彼らの大半は、ひたすら国防の手立てを先祖伝来の宗教に対するこの異議申し立てのなかに求めたのである。それは彼らがその挙動や言葉の暴力のうちに国を守る手段を見出そうとしたのと同じことだったのだ」[7]とオラールは考えたのである。

いろいろな革命礼拝に共通して見られる一貫性がこれであり、革命礼拝はどれも同じ一つの願望、同じ一つの欲求、つまり祖国愛から発している。この説明によれば、革命礼拝の本質はもはや反教権闘争ではなく、新生フランスの防衛にある。私はこの点に関してオラール氏にまったく賛同するものだが、さらにもう一歩踏み込んで考えてみる必要があるだろう。つまり理性の崇拝を生み出した運動を、「それ以前の」連盟祭の大きな流れと結びつけて考えるべきであって、そうすれば革命礼拝全般にみられる本質的で、共通なものをさらにはっきりさせることができるということである。確かにそうなのだ、祖国愛こそが革命宗教の生命源なのだと、オラール氏が主張したのは正しかった。ただ氏の主張は非常に広い意味での祖国愛であって、〔ここで取り上げるのは〕祖国の大地だけでなく政治制度そのものも対象とする祖国愛である。[九]

カトリックの歴史家　カトリックの作家にとって、革命礼拝を生み出したのは愛ではなく憎しみ、それもカトリック教会への激しい憎悪であった。

グレゴワールは、『党派史』という明瞭とはいい難いが貴重な書で、エベール、ロベスピエール、そしてラ・レヴェリエール＝レポらが発明した礼拝〔それぞれ理性の崇拝、最高存在の祭典、敬神博愛教〕をほとんど区別せずに、ひたすら「迫害」の暴力がいかにひどかったのかを際立たせるために時間的な区別もでたらめに、恣意的に事実を選り分けている。

史料的に手堅いジュール・ソゼ氏の浩瀚な『ドゥー県の革命迫害史』や、ルードヴィック・シオー氏らのさまざまな作品を見ても、彼らの動機も別段グレゴワールと違うわけではない。

革命宗教研究に多少とも深く分け入ったカトリックの作家の筆頭はシカール師である。その書『市民宗教を求めて』（一八九五年）は注目に値する。たしかに彼はしばしば各礼拝の時期を混同し、一般化と杓子定規の解釈が目立つが、全党派の革命家にとって最後まで市民祭典や制度・*institutions* がいかに重要であったのかをよく描いた。シカール師は、彼らが掲げた目的がカトリックの破壊でもそれに取って代わることでもなく、むしろフランスの魂を再生させ、それを制度によって新しい鋳型にはめ込み、作り直そうとすることにこそ彼らの願いがあったのだと力説した。彼はすべての革命家に共通するこうした理念を分析し、彼らが打ち建てようとした市民宗教のいろいろな教義をはっきりさせ、その宗教の儀礼、祭式、シンボルなどの叙述を試みた。そのことは理解できなくもない。だがいかに革命宗教のこうした積極的側面に光を当てようとしたところで、やはりシカール師もまた革命宗教を政治家の人為的な創作物だと考えていた。彼は革命宗教に自発的な起源も、神秘的な性格も、生命力さえもまったくみなかった。要するに革命宗教は彼の眼には真の意味での宗教ではなかったのである。

II

宗教的事実の特徴——デュルケム氏の定義　では、いったい宗教とは何なのだろうか？[8]　どのような特徴があれば、宗教現象であると認められるのだろうか？　そして革命的信条のさまざまな表現のなかに、そうした特徴があるだろうか？

『社会学年報』に掲載されたある注目すべき論考[9]のなかで、エミール・デュルケム氏[一〇]は、非常に独特な仕方で、しかも私から見れば極めて手堅い議論を重ねて宗教や宗教的事実と呼ばれるものの定義を与えている。

通常、人々は超自然の観念や神への信仰といったものを重視しがちだが、デュルケム氏によれば、まずそうした要素は日々の宗教生活の場面では支配的な役割を果たしていなかったという。実際、仏教やジャイナ教などいくつかの宗教が人々に授けるものは、〔超自然的ではなく〕まったく人間的な理想であって、神の観念は彼らの本質的な教義からは排除されている。トーテム崇拝にいたっては、動植物がその信仰の対象である。農耕儀礼ではなんらの媒介原理も高尚な原理の介入もなく、宗教的な祈りがじかに向けられるのは、物質的なものであったり、たとえば植物なのである。デュルケム氏はこうした事実から次のように結論づける。「神性の観念は、宗教生活の中核を占めるどころか、現実にはそれに付随する単なる一挿話にすぎない」[10]。

宗教現象はその内容ではなく形態からこそ理解されなければならない。宗教現象とみなされる対象がどういう事物なのか、精神的観念なのか、超自然的な願望なのか、そういったことはさして重要ではない。「義務的な信仰、およびその祈りを向ける対象に付随する儀礼が宗教現象と呼ばれる」[11]。集団の全構成員にとって義務を伴う信仰であること、まずこれこそが宗教的事実の第一の特徴である。そしてこれもまた拘束を伴うものだが、外的な実践活動が第二の特徴である。「国旗や祖国、あるいは統治形態や英雄、歴史的事件などのように一見すると世俗的にみえる対象へのもろもろの共通の信念は、どれもなんらかの義務を伴っており、まさにそれゆえこの信念は共有される。なぜなら共通の信念を公然と否定されることに共同体は決して黙っていないからである……。この信念はある程度までいわゆる宗教的信仰と見分けがつかない。われわれにとって祖国、フランス革命、ジャンヌ・ダルクなどは、触れることを憚られる聖なる事物である[12]」。

真の宗教を作ろうとするなら、こうした拘束的信仰は確かにそれに応じた規則正しい実践的活動と密接に結びついていなければならない。

このようにデュルケム氏は、宗教は神秘的なものとは何の関係もない社会的事実だと考えた。宗教的事実はいつの時代も、どの文明にも存在する。表面的にはどんなに不信仰な社会でも、非宗教的な社会でも姿を見せる。その起源は個人の感情ではなく集合的な魂の状態にあるので、その状態に応じて宗教的事実は変化を見せる[13]。だがそれは本質的に人間に固有のもので不滅である、つまり人間が存在し続ける限り存続する。信者が信じるべき教義・守るべき儀礼を彼らに命じるものこそ社会である。「儀礼と教義は社会の産物である[14]」。聖なるものの観念の起源は社会にある。仔細にそれを検討してみれば、その観念がどこまでも「公共制度の延長上にあるもの[15]」だということがわかるだろう。

宗教的事実のその他の特徴　さて、デュルケム氏から受け入れたこの宗教定義にさらにいくつかの輪郭を与えておこう。宗教現象はその形成の途上では、感覚の全般的興奮状態や激しい幸福願望を常に伴う。こうなると直ちに、信者同士を結びつける徴であり、彼らの願いを一身に集めるお守り——だから他人がそれらを軽々しく扱うことは許されない——でもある物的対象やシンボルのなかに宗教的信仰が具現される。とりわけ入信したての信徒に多いことだが、自分たちの信仰とは違う別の崇拝シンボルに対して、破壊的な憎悪に駆られることがよく起こる。同様に、彼らは自分たちの信仰を共有せず、シンボルも崇めない人たちを――もし可能であれば――禁忌する。そしてこの罪だけで、連中を特別な刑で罰し、最終的に自分たちが属している信仰共同体から追放してしまうのである。

Ⅲ

革命宗教の存在　革命家たち、彼ら好みの言い方では〝愛国派〟は、その多様性にもかかわらず共通の信仰基盤を持ち、彼らが心から敬愛する集合標識で自身の信仰を象徴させ、共通の信仰を共同で表明するために自由に集まることのできる共通の慣行や儀礼を持ち、その他すべてのフランス人に自分たちの信仰やシンボルを行き渡らせ、既存の信仰・シンボル・制度を廃止し、取って代わろうとして、それに関わるものすべてに激しい憎悪を燃やした。もし私がこうしたことをすべて証明できたとするなら、どうしてその他あらゆる宗教と本質的にまったく同じような革命宗教が存在したと結論づけてはならないだろうか？　もしそうなら、革命礼拝をひたすら政治的な党利党略のために作られたいかがわしいまがい物であるとか、急場しのぎの算段、使い捨ての道具にすぎないなどと言い続けることが、どうしてできようか？

エドガー・キネがなんといおうと、私がはっきりさせておきたいのは次の二点である。すなわち、大革命の人間たちは宗教的な誠実さ、神秘的な高揚、そして大胆な創造性の点においても、宗教改革の人間たちに劣る点はいささかもないということ、そして宗教改革と大革命という〔歴史上の〕二大危機は一方が宗教的で、他方が社会的なのではなく、どちらも同じ程度に社会的でありかつ宗教的なのだということである。

だが間違いなくすぐに反論が来るだろう。プロテスタントの礼拝はなおも存続しているのに、革命礼拝は消失したではないかと。これに対してはさしあたり、革命宗教は世間で思われているほど完全に姿を消したわけではないし、またもろもろの革命礼拝はいつの日か新たな形で再生する可能性もあるとだけ答えておこう。もう一点つけ加えるなら、革命が宗教的に挫折したからといって、革命の宗教的性格が反故にされるわけではないことも申し上げておきたい。宗教改革もまた、それが成就するまではヴァルド、フス、ウィクリフらによって何度も挫折を味わったではないか。

Ⅳ

革命家の共通信条――その起源は十八世紀哲学にある　革命家は、たとえ彼らの間にどれほど相違があり、ロベルピエールのような人とショーメットを、ダントンのような人とボワシー・ダングラを隔てる距離がいかに大きいとしても、やはり共通の思想と信仰を生き、誰のうちにも容易に見つかるほぼ同様の無意識的な信条《クレド》をみな程度の差はあれ携えていた。政治上でも宗教上でも彼らの最終判断の根拠やその精神の支配的傾向、そして彼らが抱いていた理想の大綱はすべてどれも十八世紀哲学にその直接の起源を持っている。私はもちろん、啓蒙思想家《フィロゾーフ》自身が明確な一つの計画に沿ってどこかで合議したわけでも意見の一致を見たわけでもないのを承知しているし、彼らの間の根本的な対立を見落とさないよう注意しているが、ただそれでも、彼らを俯瞰的に全体として眺めてみれば、彼らの著作がたとえ多様であってもある共通の考えや願望がそこからにじみ出ていることも確かである。

最も一般的な視点からみれば、今日われわれが社会問題と呼ぶものに無関心だった啓蒙思想家は誰もいない。誰しも程度の差はあれ、みな自前の天国をこしらえ、人間の幸福にとって制度 *institutions* は絶対的な力があると信じていた。道徳そのものを生み出す社会組織の重要性を誰よりも感じていたのはモンテスキューであった。彼は社会を改良するには、また刷新する場合でさえ、時宜に適うように法さえ変えれば十分だと考えていた。百科全書派もこれと異なるわけではなく、彼らもまた習俗の改革と調整を法に期待した。彼らによれば、人々の間には信じられているほどの相違はなく、その違いも徐々に教育によって緩和されてゆくとした。ルソーは、当時としては新しく驚くべき見解であったが、国家には公教育を実施する権利があると主張した。一方は法によって、他方は教育によって進歩は可能であり、幸福への道は最後まで敷かれている。幸福は政治社会の目的であったのだ。

十八世紀哲学の本質的な考えとはだいたいこのようなものである。すなわち、人間は社会組織を立て直せば自らの境遇の条件を無限に改善することができる。

社会組織は幸福のための手段となる、あるいはそうでなければならない。幸福の手段から崇拝の対象まではもうあと一歩である。

哲学的理想とキリスト教的理想の対立　こうした考えは、ほどなくキリスト教の古い理想ともちろん衝突することになった。キリスト教徒にとって、地上の生活は涙の谷〔浮世〕にすぎない。この世では真の幸福を味わうことはできず、それは神に選ばれしあの世の人のものである。キリスト教徒にとって、幸福の手段も社会制度ではありえない。「わたしの国はこの世には属していない」〔ヨハネ福音書一八―三六〕。幸福への手段、それは宗教制度である。教会こそ神の媒介者であり、唯一超自然的な権能を手に入れる奥義を所有し、神秘的な聖人を認定し、秘跡を広め、被造物と造物主の間を取り持ち、そしてこの上ない至福への道の通行審査権を持っているのだ。ところが新たな教義は、幸福の探求は人間の仕事であると教える。この幸福を授けてくれるのは、もやは祈りや苦行、奇跡的なとりなしなどではなく、投票であり、討議であり、法だと教えるのである！

たしかにこの新たな考えが旧来のそれを完全に破棄することはないだろう。この世の幸福を追い求めることとは別に、あの世の幸福を求める余地もなお残されているからである。当初、革命宗教は少なくとも誠実なキリスト教徒であれば、彼らもその信徒に加えていた。ところが当時の社会情勢から、この二つの宗教は両立不可能であることが明らかになってゆく。しかも旧宗教の聖職団が新しい宗教の始祖たちの活動を妨害までするとなれば、分裂せざるをえない。フランス人は両陣営に分かれ、二つの崇拝が互いを敵だとみなすようになっていった。

啓蒙思想家の国家観念

啓蒙思想家《フィロゾーフ》は、もちろん多くの点で革新者ではあるが、それでも彼らもまた時代の子であり、旧体制の人間だった。当時のすべてのフランス人と同様、彼らも〔宗教と国家の〕一致への情熱を抱いていた。彼らは少なくとも原理の上では調和した一つの社会のなかで生きていた。また彼らが自分の周りにみたものといえば、政治制度と宗教制度が互いに支え合い、王座〔王権〕が祭壇〔教権〕に寄り添っている光景だったのである。

人によってどの程度明確に自覚しているのか違いがあるとはいえ、啓蒙思想家はこの世の材料を使って自前の天国を築こうとした。宗教寛容の断固たる信奉者にして、あらゆる礼拝の自由の擁護者である彼らも、宗教への関心を持たぬ国家、無宗教国家、世俗的《ライック》な中立国家など思いも及ばなかった。彼らは宗教的に寛容であったが、まったくの宗教的無関心だったわけではない。むしろ彼らの多くが確信していたのは、すべての宗教は本来的に同一であり、どの宗教も同じ道徳を説いている点ですべて同等だということだった。国家は全宗教に共通するこの土台が侵害されないように留意しなければならず、啓蒙思想家にとって国家とは道徳と宗教を守る最後の番人と考えられていたのである。まさしくこうした理由から、国家には果たすべき道徳的責務があるということを盾に、彼らはなんの気兼ねもなく宗教を国家に従わせ、かつての教会の譴責権に等しいものを逆に国家に握らせた。レナル師はいう。「国家が宗教のためにあるのではなく、宗教が国家のためにあると私には思われる……」。別のところではこうもいっている。「国家がなにかを発言すれば、もはや教会が口を挟むことはなにもない[16]」。

ルソーの市民宗教

啓蒙思想家はみなこの国家観に基本的に同意していた[17]。だが、『社会契約論』（一七六二年）のルソーほどはっきりと、そして体系的にそれを表明した人はいない。彼にとって、国家はまずもって道徳的な人格でなければならない。この国家を生み出すものが契約であり、それは神聖である。神聖といっても、単に「義務や命令[18]」を意味するだけでなく、人類に善を施す点で宗教的敬意にも値するのである。

道徳的人格としての国家は、果たすべき道徳的義務を持つ。なかでも第一の義務は、まさに国民の幸福——言葉の十全な意味での幸福——を用意することにある。国家の目的は公共の福祉である[19]。国家は宗教同様、幸福を得るための材料であり手段である。その国家を構成する契約は当然ながら神聖である。なぜならもし神聖でないとすれば、つまり共通の幸福の究極的表現である道徳律と合致しないなら、その契約は真の国家も、正当な国家も、道徳的人格もなにひとつ生まないだろうからである。

では、国家はどのようにして道徳的で天上的な責務を果たすのか？　それは法によってである。国家は法を行使してその目的である共通の幸福を追求する。法とはその定義からして一般意志の表現であり、この意志はそれ自体で全体の利益と合致している。人間は堕落すると、自分たちの真の利益を見失い、その結果、公共の福祉に一致する一般意志も持てなくなり、さらに自分自身で法を作ることさえできなくなる。こうなると人々は、知性や道徳性の点で人の領域を超えた人間に頼るようになる。それが立法者であり、彼らは精神を集中して社会契約、理想的な政体、そして法をこしらえる。「人間に法を授けるには神々が要るだろう」（第二編第七章）。「あえて国民を創設しようとするほどの人なら、いわば人間の本性を変える力があると確信を持つ人でなければならない……」（同上）。立法者はモーセがヘブライ人に律法を授けたごとく、人民に法を授ける（ルソー自身はポーランド人とコルシカ人のために憲法を起草した）。この法はそれ自体、超自然的な賜り物ではないにせよ少なくとも「崇高な理性」の表出として、人民に受け入れられるだけでなく崇められるほどの説得力を帯びるのである。

こうした国家観には個々の宗教が占める場はない。ルソーはキリスト教が勝利を収めた結果、政治体系と宗教体系が分裂したことを嘆いている（第四編第八章）[二二]。

ホッブズと同様、ルソーもまた「鷲の双頭を再び一つにし、すべてを政治的統一へ連れ戻すこと」を望んでいる。「この統一がない限り、国家も政府も決してよく組織されることはない」

からである。のちにこれと同じ夢をサン＝シモン主義者やオーギュスト・コント[一三]が見るだろう。しかし、精神界と世俗界というこの二つの王国の対立を実際に解消し、教会が国家からはく奪した道徳的権限を再び国家に返却するにはどうすればよいのか？　ルソーの答えは市民宗教の創設である。ただこれは完全に新しい宗教を一から立ち上げるというのではまったくない。ルソーの市民宗教は創造するものではなく常に存在し、人類の発祥と同じぐらい古く、地上のすべての宗教と社会に共通する土台である。どんな社会も、すべての構成員におのずと受け入れられた最小限の公準なしに存続することはできない——余談ながら確かにこれは深い見識である。国家に必要な道徳的な力を与えてくれる市民宗教を立ち上げるには、人間性の根幹にある疑いえないいくつかの単純な公準の上に覆いかぶさっている迷信や偏見を、立法者が大衆から取り除いてあげさえすればよい。その単純な公準とは「全知全能で慈悲深く、すべてを見渡す、恵み深い神の存在、死後の生、正しきものに与えられる幸福、悪人に加えられる刑罰、社会契約と法の神聖さ……」である。

　はっきり公言しているわけではないが、ルソーが望んでいるのはこの市民的・自然的宗教がどこまでも粗暴な《アンシヴィル》制度宗教に徐々に取って代わり、それをお払い箱にすることである。ルソーの国家は、その存在理由が道徳的使命にあるという点で宗教的であるが、その一方でこの使命の完遂を妨げる旧宗教に対してはなんであれ、寛容だが必要な行動をとる点で反宗教的なのである。

もし『社会契約論』のこうした私の解釈が正しいなら、その体系全体のなかでの市民宗教の位置づけがもっとわかりやすくなるはずである。法とは一般意志だとルソーはいう。しかし、法が真の意味で一般意志となり、諸個人を圧迫しないようにしたいのなら、できるだけ法はすべての人間が自発的によく理解した上で受容されなければならない。もし彼らの間に社会原則そのものに対する事前の同意がないなら、そうしたことは不可能だろう。このように考えれば、すべてが論理的につながる。皆さん、ルソーのいう国家から市民宗教を除いてごらんなさい。そうすれば国家はその可能性も存在も直ちに失うだろう。

この国家観はルソーの時代にはありふれたものだった。十八世紀の啓蒙思想家はこの国家観をみな暗黙裡に受け入れていた。誰もが法とは幸福のための一手段であり、またそうであるべきだと考え、国家は果たすべき道徳的義務を負っていると宣言した。

仮に崇高な理念を国家に帰属させなかったなら、彼らはどのような権利でもって教会を国家の管理下においただろうか？

革命家たちはすでに知られていた十八世紀の理論をただ自前の憲法や法律に応用したにすぎず、それはとりたててルソーに固有なものでも、誰かが厳密に定式化したものでもなかった。おそらく彼らが実現させた市民礼拝も、当初は『社会契約論』最終章〔「市民宗教について」〕の案を即興的にほとんど何の自覚もなく再現し、あとになってから組織的にその計画を実行に移したにすぎないのである。

V

革命信仰——その最初の登場　三部会の招集をきっかけに、当時までいわば空中を漂っていた啓蒙思想家の理論は実践の領域へと移り、現実の前に立たされることになった。その結果、なおも単なる机上の考えではあったが、彼らの理論は徐々に真の宗教的な信仰へと変わっていったのである。

一七八九年の初頭、熱狂に包まれたフランス人はまるで天地をひっくり返すような奇跡を待ちわびていたようだった。彼らが三部会に送り込んだ代議員がこの奇跡を起こす役目を担った。この代議員が実施を託されたものこそ、自分たちの同胞にとどまらない全人類の再生である。この再生という言葉は知識人・非知識人の筆を問わず、この時代のあらゆる文書、とりわけ国民議会に宛てられた数百に及ぶ請願書のなかに繰り返し現れている。

社会幸福のための立法司祭　「立法者たち」——社会の幸福をつかさどる司祭たちをこう呼んだのだが——の最初の行動は、貴族の計画に対する抵抗、七月十四日〔バスティーユ監獄占拠〕、そして八月四日の晩〔封建制廃止決議〕という形で現れた。そうした行動は民衆が彼らに抱いた神秘的な信頼を正当化し、どこまでも増大させた。彼らのうち誰かが死去すると、末端の地位の人に対してでさえ、葬儀は惜しみなく礼を尽くして行われた。[20]一般庶民は、全員からの感謝と賛美をもっとも効果的に表現する方法はなんだろうかといろいろと腐心した。[21]つまり彼らの人格が素朴な崇敬の対象となったのである。無名の代議士もしばしば偶像崇拝の対象となったが、崇敬の念はその人格に対してというより、彼らがまとっている特徴に向けられた。国民公会議員デュ・ロワは、一七九四年二月二十五日の公安委員会でサン・ディジエ市での一件を次のように述べている。「そこで私はこれまでとはまったく別種の狂信的光景に出くわした。私にとって特に嫌悪すべきことではないのだが、女性たちが駆け寄ってきて、私の衣服に触ると満足して帰っていったのである[22]」。

人権宣言［一四］　新たな信仰には新たな信条《クレド》が要る。パリの第三身分は、すでにその陳情書に次のような人権宣言を書きつけていた。「どんな政治社会でも、すべての人間は平等に権利を持つ。どんな権力も国民にその起源を持ち、国民の幸福のためにしかそれを行使することはできない[23]」。国民議会はパリの第三身分が発したこの宗教的宣誓を全フランス人のために起草・周知させたわけだが、そこには啓蒙思想のエッセンスが簡潔なかたちで再確認できるだろう。

討論の議事録から明らかなのは、立法者たちが公共の幸福のための司祭という役目をまじめに引き受けようとしている点である。この前提に立てば、「われわれには間違いなく宗教を変える力がある……[24]」というカミュの有名な発言の意味がもっとよくわかるだろう。すなわち、新たな福音書の使徒たちが摂理によって定められた使命の遂行を妨げるいかなる障害も――いかにそれが巨大でも――ありえないということである。

人権宣言をめぐるこの大論争のなかで、次々に議会の演壇に登る弁士の話に耳を傾けてみよう[25]。七月二十七日、クレルモン＝トゥネールは自身の草案のなかで、国家の責務はその成員を幸福にすることにあると繰り返し主張している。

「第一項。すべての人間には幸福を求める抑えがたい性質がある。人間が社会を作り、政府を立ち上げたのは、すべての力を結集させてまさに幸福を得るためであった。そうであるなら、どんな政府も公共の幸福をその目的にしなければならない。

「第九項。全面的な幸福をもたらすために政府は権利を保護し、義務を命じなければならない……。」

八月一日、マチウ・ド・モンモランシ伯爵は、人権の「不変たること正義のごとし、その永遠たること理性のごとし」と説き、「真理は幸福に通じる」と続けた。タルジェは「憲法の目的は何か」と問い、「国家を組織すること」と答える。「では、その目的は？」「それは公共の幸福である」。そして彼はこの公共の幸福を、「全市民の権利を十全かつ自由に行使することから得られる全市民の自然な幸福だと定義した。

グランダンは「人権宣言は道徳論のようなもの」と宣言し、バルナーヴはそれが「国家の教理問答」になることを希望した。

八月三日の晩には、氏名の記載がないある主任司祭が憲法を聖なるものとして語っている。「ついに世界最強国の一つである国の新たな憲法を準備する時がきた。この守護神を掲げれば、それを前にしてフランス国民は自らの恐怖と不安を打ち捨てよう。そして諸君は国民にこういうだろう。これこそが君たちの神だ、それを崇めよ、と……」。

八月十四日、ミラボーは新しい信仰に対する満場の期待を美しい高揚感のなかで次のように表明している。「法の面でも、統治の面でも、各大国の憲法がそれぞれ進歩すれば、理性と人間の改善可能性も押し広げられる。その時には、次のような幸福な時代が諸君に訪れるだろう。すなわち、事物の不変の本性が万物に定める場所、形態、関係にすべてが適切に配置され、人間を打ちのめす理不尽な抑圧、人々をバラバラにする無知で強欲な偏見、そして諸国民を苦しめる馬鹿げた嫉妬心を、万人のものとなった自由が全世界から追放し、普遍的な友愛――これがなければ公私にわたる利益はすべて疑わしくかりそめにすぎない――を再生させるような時代である。この偉大な仕事を目指して諸君が働き、それに向かって確実かつ慎重な一歩を踏み出すのは、まさにわれわれの、わが甥たちの、さらには全世界のためなのである……。諸国民は諸君の冷静で徹底した審議を称賛し、人類は諸君をその恩人として迎えるだろう」。

八月十八日、ついにラボー・サンテティエンヌは、人権宣言は「子供たちの読本」になるべきだと述べ、こう続ける。「強い愛国教育こそ、われらが子供たちのために獲得した自由を守る強靭で力強い人種を生み出す」。

いまさら人権宣言の前文がどのように始まるのか思い起こす必要があるだろうか。「人権に対する無知・忘却または軽蔑だけが公共の不幸と政府の腐敗の原因にほかならない」とあり、第二条は次の言葉を含む。「あらゆる政治団体の目的は、決して消し去ることのできない人間の諸々の自然権を保全することである」。こうした諸権利を行使することこそ、タルジェがわれわれに語った社会の幸福の中身であった。

要するに、ここには啓蒙思想家が提示してきた主要理論に裏打ちされた政治信条が簡潔に示されている。すなわち国家は社会幸福を保障し、またそうしなければならないということ。立法者の作品である法はこの幸福の手段であること。したがって何人も法を尊重しなければならないこと。それはいくら崇めても崇め足りない一種の護符なのである。「国民は法を遵守するだけでなく崇めなくてはならない。実際、愛国心とは法に対する永遠なる献身にほかならない。一言でいえば、法という名が祭壇という名ほど神聖でなく、軍隊という名ほど強力でない限り、われわれの救済はどこまでも不確かであり、われわれの自由は脆弱であろう……」[26]。

G・ロムははっきりという。「福音書は良心の宗教を打ち建てたが、法は国家の宗教を作り上げた。それもまた自らの聖職者、使徒、祭壇、そして学校を必要としていた……」[27]。「法こそわが神、それ以外の神を私は知らない」と立法議会の壇上で叫んだのは、激昂したイスナールだった[28]。P・マニュエルもこう繰り返す。「第一の崇拝対象、それは法である」[29]。

聖職者が新しい信仰に抱いた不安　当初はすっかり熱狂の波に飲まれていた聖職者たちも徐々に、新しい信仰がほどなく古い信仰の敵になる、少なくとも競合するのではないかと漠然と感じ始めていた。一七八九年八月三日の会合で、シャルトルの司教は人権宣言がフランス人の心にエゴイズムと傲慢を呼び醒ます恐れがあると述べ、「いくつかの宗教的な見解を堂々と表明」し、それを人権宣言の前文とすることを求めた。「なるほど宗教は政治的な法律のなかに含まれてはならないが、そうかといって法と無縁であってもならない」。続いて八月十八日に神の大義を擁護したのはグレゴワール師であった。彼のいうところによれば、議会は宗教の権利について十分配慮したようには見えなかったという。事実、当時はこうした不安に注意を払う人間は皆無だった。

VI

新しい信仰の宗教的特徴　ある信仰が同一の集団内に共有され、宗教的な性格を持つようになるには、その集団のすべての構成員が義務としてそれに従わなければならない。これは本書の冒頭でわれわれが示した宗教の定義の構成要素の一つである。ところで人権宣言のなかで示された数々の真理は義務を伴うと宣せられている。[一五]九一年憲法〔フランス最初の憲法〕では次のように明記されている。能動的市民たるには公民宣誓をしなければならない、つまり新しい政治制度や、人権宣言を理論的な柱とする憲法に正式に同意する必要があるということである。[30] こうした政治的宣誓を拒否する人は共同体から排除され、世俗的な破門を宣告される。その代わり異邦人であっても、フランスに居を構え、公民宣誓を行った者であれば、それを唯一の条件としてフランスを祖国に持つことができ、新しい宗教の礼拝に加わることもできる。逆にフランス国外で「再生」運動に尽力した人々、たとえばシラーやトマス・ペイン、デーヴィッド・ウィリアムズなどにも、立法議会はその報いとしてフランス市民の称号を与えている。アナカルシス・クローツの求めに応じて、すでにある異邦人グループが連盟祭に登場したこともあった。新しい信仰はその当初から普遍的・国際的な信仰であり、真の信仰だったのである。

公民宣誓の起こりは自発的だった　確認してみて興味深いのは、公民宣誓の義務がある権威によっていわば外から強制的にフランス人に押し付けられたわけではなかったという点である。この義務化は、たとえのちほどある党派の規律になるとしても、原則的には抵抗なく受け入れられ、どこでも大人気だった。公民宣誓の起源が社会的だったというのは重要である。フランス人が全国連盟運動の[一六]際に「憲法に対する限りなき敬意と服従」を誓い、しかも「命を賭して議会の政令に従い、人間と市民の権利を遵守し、自由に生きかつ死ぬこと」を約束したのはまったく自発的なことであり、なんの計画にも号令にも基づかず、むしろ自由奔放な熱狂から発したことであった。[31] 公民宣誓を繰り返し唱えさせることは国民に苦痛を強いるのではなく、むしろその逆である。彼らは祖国フランスと神秘的な一体化を遂げるこの行為を、あらゆる場面で喜んで行っていたようにみえる。一七九〇年二月八日のパリ。同業者組合と当局が国民、法、国王に忠誠を誓い、憲法の擁護を宣言したこの日、大挙して押しよせた女性、子供、労働者、召使らは子供っぽくはしゃぎながらこの呪文〔公民宣誓〕を何度も口走っていた。「民衆は二日前に奴隷の身分から解放された喜びに酔いしれていた」と『モニトゥール』は伝えている。

ルーアンの同様の祭典でも、街全体が突如ぱっと明るくなり、こうした光景は無数に広がった。

革命信仰の一貫性　このように公民宣誓が社会に起源を持った点が、最終的に革命信仰に宗教的な性格を刻むことになった。この新しい信仰がその対象とするのは、大半の既存の宗教のように啓示や神秘ではなく、また農耕儀礼のように草木でもなく、トーテム崇拝のように動物でもなく、政治制度そのものである。このことがこの新たな信仰をその他の宗教から区別する。政治制度と結びついたこの信仰は、その対象が蒙るのと同様の変化を受ける。たとえば、法や立法者が人気を集め、その大規模な介入が期待される場合には、全国連盟祭や九三年の大きな危機の時のように革命信仰は熱気を帯びて異常な盛り上がりを見せる。ところが政治制度がその約束に背いたり、総裁政府期の立法者のようにその無能や腐敗をさらけ出した場合には、革命信仰は衰弱して目的から逸脱してゆく。だがこの信仰は最後までその本質的な点では変わることはない。九三年と共和暦三年の人権宣言〔一七九五年〕は九一年のそれと本質的な違いはない。

この三つの宣言はどれも同じ福祉国家の考えに依拠している。しかもすべて国法は自然権に由来するものと考えている。ただそのほかの二つの宣言に比べ、共和暦三年の宣言は道徳的傾向が強いにすぎない。

「自然法の第一の代弁者」たる立法者たちは、革命の進行中ずっと自分の役割について最も高尚な考えを抱き続けていた。一七九二年九月二十一日にマニュエルはこう叫んだ。「人民の代表者たちよ、諸君が請け負っている責務には神々の力と知恵が必要であろう。かつてシネアス[一七]がローマの元老院に入ったとき、彼は王たちの集会を目にしたように感じた。こうした比較は諸君には失礼かもしれない。だがいまやここで目撃すべきは、世界の幸福を準備するために集まる哲学者の議会なのだ[32]」。同じ会合で、クートンは「われわれの責務は偉大であり、そして崇高である」と言葉を継いでいる。議場は日常的に「憲法の寺院」と呼ばれているが、それは単に仰々しい表現というだけではない。憲法の文言も、誰でも持ち運びできる聖務日課書や聖書のように小さな判型の手帳に印刷された。立法議会の最初の審議では、十二人の長老がうやうやしく列を組んで憲法書をとりに行き、文書保管人カミュを先頭にして彼がフランス人のこの新たな聖体を両手と胸で支えながら、ゆっくりとした足取りで戻ってくる。すると全議員が立ち上がって帽子をとり、カミュは視線を落として瞑想にふける……。

革命信仰がすでに斜陽を迎えていた共和暦三年になっても、代議員ルーゼは最初の人権宣言の起草者らの精神を次のように明確に伝えている。「憲法制定議会は、どんな偉大な情熱にも必ずつきまとう懸念を、生まれ変わった人々の心にいつも忘れさせないようにするために、一種の政治礼拝を打ち建てることこそ自らの仕事を全うすることだと考えていた。そして人権宣言を刻んだ銘板は護符であり、議会はそれによってかつて自らが灯した聖火〔崇高な情熱の意〕を守り続けようと決意したのだった……」[33]。おそらくこれほどうまく政治礼拝を特徴づけることはできないだろう。革命と共に生まれたこの礼拝は、当初は曖昧で無自覚だったが、次第にはっきりといわゆる革命礼拝として成長し、その姿を現したのである。

革命末期まで公民宣誓は、厳然として義務化され続けた。そうすることで市民は、社会生活や神聖視された制度の運営に欠かせないもろもろの掟に自分が同意していると宣言した。司法官もまた、共通の幸福を目指す全面的な献身を約束した。また宣誓を通じて善人／悪人、忠実な信者／不信仰者が区別され、後者は無能という烙印を押され、不審人物・罪人・瀆神者として遇された。国民議会は一七八九年六月二十日の宣誓〔球戯場の誓い〕がきっかけとなって設置されたが、国民公会が最初の審議を開いたのも、五月三十一日の暴動〔九三年、ジロンド派追放劇〕が始まったのも、八月十日の暴動[一八]が収束したのも、ある一つの宣誓からであった。こうしたもろもろの宣誓を通じて、総裁政府期の愛国派は王党派の反動を阻止し、政治的信仰を呼び醒ますことができると考えたのである[34]。他方、宣誓を拒否した役人は国家の敵・法への反逆者の扱いを受けた。議員ドゥルヴィルは彼らの国外追放を要求し〔共和暦四年ヴァントゥーズ十一日〕、罰則が法制化された。すでに触れたように、選挙人自身も否応なく宣誓に従わなければならず、従わない場合は市民権のはく奪が待っていた。

このように革命信仰は、それに漂う神秘性やそれが醸し出す幸福の希求、その義務的な性格、その一貫性などからして宗教信仰のすべての要素を備えていると判断できるのである。

Ⅶ

革命のシンボリズム　しかし、この二つの信仰が同一だとする見解にさらに決定的な証拠を与えているのは、革命信仰が宗教信仰と同じく、当初から明確で固有のシンボルで表現されていたという点、信仰実践と規則的儀礼を共に備えていた点、および一つの礼拝と結びついていたという点である。

革命的シンボリズムは、一七八九―九一年の間に何の事前の意図も全体的な計画もなしに自然発生的に誕生したもので、ブルジョワジーと民衆の共同作品である。古典的教養のなかで教育を受け、そこにどっぷり浸かってきたブルジョワジーは、ギリシア・ローマに対する追憶から、崇拝対象や伝説、紋章のモデルをひたすら古典古代に求め、それによって自分たちの希望を表明し、新しい秩序の支持者の賛同の証として利用しようとした。彼らは当時数多くあったフリーメーソンのロッジ[一九]でよく顔を合わせていたので、古典古代のモデルにいくらかメーソンの要素も盛り込んだが、最終的にはおのずと古代の崇拝儀礼を模すことになった。しかし、こうして発明されたシンボリズムも、もし民衆がそれを受け入れ、すぐに自分たちのものにして熱気や生命を吹き込まなかったら、まったく生彩のない堅苦しいものになっていただろう。

帽　章　最初の革命的シンボルは、七月十四日以降の激動の日々に人々が身につけた三色帽章である。この愛国の徴がヴェルサイユで近衛兵たちに踏みにじられたという知らせは、十月五日と六日の暴動〔ヴェルサイユ行進〕の引き金となるのに十分だった。トリコロール崇拝はまたたく間にパリからフランス全土に広がった。各連盟祭で三色旗が高々と掲げられると、群衆の鼓動はそれを見てさらに高鳴った。ストラスブールの連盟祭（一七九〇年六月十三日）では、純朴な村人たちが国民衛兵の旗に触らせてほしいと熱心に懇願しにきた。国王のシンボルカラー〔白〕に代わって、急速に国民のシンボルカラー〔トリコロール〕が広まったのである。国王自身、この新宗教の記章を掲げて、一七九〇年五月二十九日には国が定めた三色帽章以外のものを身につけることを禁止せざるをえなかった。

ほどなく一連の法的措置により、この記章の着用は女性も含めた全市民[35]に義務化された[36]。

祖国の祭壇　トリコロールに対する信仰を象徴化すると共に、フランス人は公共の場のいたる所に祖国の祭壇を建立した。フリーメーソンだったカデ・ド・ヴォーが一七九〇年の初頭にフランコンヴィル・ラ・ガレンヌの所有地に建てたものが、おそらくこの手のモニュメント第一号だった。「聖なる森をかたどった丘に建てられた」この一枚岩の祭壇は三角形の姿をしており、その上には「斧と武器の束」が置かれていた。その中心には「高さ約六メートルの槍」が立ち、てっぺんには「羽飾りつきの自由の帽子」が被されてあった。この槍に支えられた「古い盾の表には〝彼は専制と反乱を憎む〟(『アンリアード』〔ヴォルテールの叙事詩〕)という銘とともにラファイエット氏の肖像が、裏には剣とクロスした軍旗が描かれ、盾全体が鋳物でできていた」。祭壇の三つの側面にも、それぞれ次のような碑文が刻まれている。

「彼は主人である前に市民である。われわれの祖先が失った権利を取り戻そう」(『アンリアード』)。

「王権の聖なる木陰のもとで万人の自由が花開くことになろう」(ヴォルテール『ブルータス』)。

「人々は集い、協力し合い、警戒の声を上げる。ブルジョワは誰もが兵士であり、パリ中が武装している」[37](『アンリアード』)。

祖国の祭壇は、国中に広まった三色帽章の時と同様にたちまち成功をおさめ、数カ月のうちにフランス全土に広まった。個人の金持ちが同胞のために祭壇をこしらえてくれた時もあれば[38]、祭壇費用の捻出のために寄付が募られたこともあったし、あるいは美しき愛国心からスコップとつるはしを使って全階級の市民の手で建てられたこともあった。祭壇の形式は、それぞれの土地の資力や住民の趣味・思いつきなどに応じていろいろ変化した。しかしどこであっても祖国の祭壇のあるところは、愛国者お気に入りの集会場、愛国的巡礼の目的地、新宗教の第一の、そして永遠の聖地であったことに変わりない。[39] 一七九二年六月二十六日、立法議会は既成事実を法制化するために次のような政令を出した。「国内のすべてのコミューンに祖国の祭壇が建てられ、人権宣言が次の碑文とともに刻まれること。市民は祖国のために生まれ、生き、そして死ぬ」。

自由の祭壇とも呼ばれたこの祖国の祭壇は帝政初期まで祀られた。

自由の木　祖国の祭壇が建立されるや、続いてその祭壇を覆うように植えられたのが自由の木である。グレゴワールによれば、フランスでの最初の自由の木は、ポワトゥーのシヴレー近郊サン・ゴーダンの主任司祭ノルベール・プレサックによって植えられた。「一七九〇年の五月、村役場が開設された日、彼は森に人をやって育ちの良いコナラの若木を引きぬいて村の広場に持ってこさせた。そこで男女二人が協力して植樹した。続いてこの主任司祭はこの二人を前に革命と自由の利点について切々と訓示を垂れた……」[40]。

『モニトゥール』[41]から引用したこのグレゴワールの話はおそらく資料としては正確なものだ。ただそれでも確実にいえるのは、ペリゴールの農民はフランスのその他の地方の手本となったのかもしれないが、決して解放者の五月柱[二〇]を植樹するのに、このポワトゥーの司祭の手本が彼らに必要だったわけではない点である。「奉納祭の数日間、農民の集合場所となった五月の木というこの伝統的な柱は[42]」、ペリゴールでは一七九〇年一月以降すでに革命の象徴となっていたからである。ジョルジュ・ビュシエール氏の研究によれば「この柱は領主に対して一風変わったやり方で独創的な異議申し立てを行った。地代となる小麦の計量の仕方や選別の方法がいかに不当であるかを領主に訴えようとした人々は、この柱に篩《ふるい》、箒《ほうき》、穀物秤、枡、家禽の羽、そして飾りの極めつけとして風見鶏や城主への嫌がらせになるものなどをぶら下げておいたのだ……。毎年五月のこの植樹は、まるで足のついた森のように、ドルドーニュ、コレーズ、ヴェゼールなど各地の渓谷を通って北から南へと移動し、川に沿って広まっていった。続いて少しずつ丘陵地帯にも浸透し、あちこちで封建制の終焉が宣言された[43]」。

自由の木はすぐさま流行となった。愛国者たちは疑いまじりにもこれらをうやうやしく扱っていたが、ほどなくしてそれを傷つけた者には厳罰が定められることになった。共和暦四年ジェルミナル二十二日の法令で、総裁政府はこの種の違反者、あるいはむしろ犯罪者というべき者たちに対する訴追の実施、および「フランス人民の自由、平等、主権を侵害するあらゆる反革命的犯罪に対する法律」を彼らに適用することを司法大臣に命じたのである。二年後の共和暦六年ニヴォズ二十四日の法律は、「自由の木を切断したり、倒した人、あるいは倒そうとしたり、切ろうとした人をすべて[44]」禁錮四年の刑に処すると定めた。

聖なる存在であった自由の木が死ぬことは一つの災厄、国民的な不幸とされた。アンドレ・

「自由の木」．作者不明．木に自由の帽子が掛けられている．

デュモンが職務〔治安委員会〕に就いていた頃、アミアンで自由の木が一本伐採されたことがあったが、その時には「黒い布をかけられた」木の幹が楽団を先頭に市役所に運ばれ、武装した九千人もの行列がそれに続いた[45]。

革命的シンボルのなかでも、この自由の木はおそらく民衆の心を最も強く捉えたものだった。この木は一八四八年の一時期〔二月革命〕にも復活したし、今日でも時々お目にかかることがある。

その他のシンボル　続いて金属板や石板に彫り込まれた人権宣言や憲法が広く礼拝の対象となった。老人らはそれを祖国の祭壇までモッコで運んでいく。そして、まるで司祭が聖体顕示台〔聖体を収めた容器〕を掲げるように、その場で祭祀責任者がそれを両手で掲げ、群衆の前で披露した。そして、その群衆はその日はずっとこの板を崇めることを許されたのである。

　祖国の統一はどこでも全国八十三県の束桿[22]によって表現され、自由の勝利は実際の要塞の積石を砕いて愛国者パロワが作らせたバスティーユ・ミニチュア模型[23]によって表現された。もちろん、一七九〇年末からすでに広まっていた槍やフリジア帽なども相変わらず使われていた。一般的には自由の帽子、赤帽などと呼ばれたフリジア帽は、はやくもリヨンの連盟祭でお目見えした時には自由の女神が持つ槍の先端にかぶされ（一七九〇年五月三〇日）、トロワの連盟祭の時には共和国の彫像の一つに被らされた（一七九〇年五月八―九日）。一七八九年以降、平等のシンボルとなったのはフリーメーソンの古い標章である三角水準器であった。友愛に関しては、これまたフリーメーソンの別の標章である握手によって表現された。

　以上が早い時期にまず愛国心を表現したおもなシンボルである。そのほか、自然、理性、自由の殉教者の胸像、山岳、監視の目といった表象が現れるのはもっとあとであり、それを生み出した状況や思いついた党派によって、その出番も次々に変わっていった。

　ところでこうした革命的シンボルを、通常の宗教的シンボルと同一視することがはたして妥当なのかといぶかる向きもあるかもしれない。つまり革命的シンボルは独自の効力のない単なる寓意にすぎないが、宗教的シンボルのほうは信者にとって特別な功徳があるものだと、おそらく私に教示されるのではあるまいか。もちろん革命宗教と啓示宗教の根本的な相違を私が理解していないなどと思わないでいただきたい。明らかに国民的なものになった三色帽章を誇示する愛国者はこの布切れに奇跡を起こす力があるなどとは信じてないし、その意味で彼の精神状態は、幸運のメダルや聖遺物を首に下げているカトリック信者のそれとは別物である。だがそうはいっても、三色帽章やメダル、聖遺物がやはり同じ資格で宗教的シンボルであることも確かである。なぜならそれらはどれも一つの全体的な思想や感情、つまり信仰を表象し、具象化させ、想起させる共通の何かを帯びているからである。

Ⅷ

革命の熱狂　しかも革命的シンボルが単なる標章としての価値しかなく、なんら特別な功徳もない無害な寓意にすぎないかというと、決してそんなことはない。『パリの革命』[46]紙は絶妙な筆致でこう書いている。「『何とかなるさ《サ・イラ》！』の旋律に乗って、民衆は全ヨーロッパ連合軍のなかを突っ切って世界の果てまで導かれた。トリコロールのリボン飾りをあしらった彼らは、自分の最も大事な利害も忘れて国益だけを第一に考え、意気揚々と故郷を離れて国境まで敵を迎えに行ったのだった」。「民衆はウールの赤帽を見るや熱狂し、それを茶化すことも忘れてしまった！　彼らの熱狂は最大限に尊重すべきものであり、それには確かな根拠がある。このウール帽はギリシアとローマでは隷属からの解放の標章であり、専制の反対者すべての旗印だといわれてきたからだ。これでもう十分だろう。この時から市民はこぞってこの帽子を手に入れたいと望んだのだった……」。

　このように革命宗教もまたその陶酔感や熱狂を帯びていたわけで、その他の宗教との類似性の決定的な決め手がこれである。実際、愛国者たちは新たなシンボルを誇示し、怒りに満ちた信仰心でその周囲を固めただけではなく、古いシンボルに対しては情け容赦ない攻撃を仕掛け、激しい憎悪でもって倦むことなく無情にもそれらを破壊した。

　先に触れたように自由の五月柱を最初に植えたといわれているのはペリゴールの農民たちだったが、彼らはその一方で刑台、首枷《くびかせ》、教会の椅子、風見鶏など自らの古い隷属性を表すあらゆる対象を引き倒して粉砕した。

「監視の目」．ルソーの肖像が見える．

　議会に席を占める開明的なブルジョワもやはりこうした農民と同じ熱狂を共有していた。彼らは政令でバスティーユの解体を命じ、[47]ヴィクトワール広場のルイ十四世の彫像の台座にあった鎖で繋がれた属州の捕虜像[二三]を撤去した。[48]彼らは、貴族の称号のはく奪[49]や騎士団の廃止[50]にとどまらず、荘厳な焚書式で貴族や騎士にまつわる文書、書物、証書の類をすべて焼却させた。[51] また紋章を禁じて、[52] それでも紋章を掲げ続ける家屋の没収、[53] および封建制を彷彿とさせるすべてのモニュメントの破壊を命じ、[54] 廃止された称号や呼称をいかなる公式文書に使用することも禁じた。「違反した場合は六倍の税を支払わせ、市民の名簿から抹消され、文民職・軍事職を問わずいかなる公職にも就くことができないと宣告される、云々。……お仕着せを使用人に着せたり、家や馬車に紋章を付ける人にも同様の罰則が適用される」。[55] またブルジョワたちは正式な政令を出して、さる大公冠の紋章模様を踏みつけさせたり、[56] あるいは言葉に対してまで封建制の遺物を激しく追及し、忌むべき過去を想起させるような土地の名前を変更させた。[57] かつてこれほど激しくカトリックの象徴・紋章に襲いかかったのは十六世紀の宗教改革者をおいてほかにない。

こうして封建制に対する闘いは、ほどなくカトリックに対するそれに引き継がれることになった。大公冠模様や紋章に続いて僧帽、司教杖、聖務日課書、ミサ典書も猛火のなかへ放り込まれ、共和暦がローマ教会の暦に取って代わり、戸籍の台帳から聖人の名が追い出され、ギリシア人やローマ人の名に入れ替わった。通称〝ニエーヴル〟のルジャンドルは、国民公会が政令を出して共和国全域の十字架を自由の帽子に取り代えるべきだと公安委員会に要求した。[58] ドラクロワとミュッセは三色帽章をヴェルサイユの女性市民に配り、共和主義者の男性としか結婚しないと誓わせた。[59] 詩人のルブランは共有された怨念を歌い上げ、暴君の棺へと群衆を駆り立てる。[60]

愛国者の大地を掃き清めよう。
なおも国王らに汚されしこの土地を。
自由の大地は暴君の亡骸を吐き捨てる。
神と祀りあげられしこの怪物たちの、
すべての棺は砕かれたまえ！
彼らの記憶も色褪せよ！
そして、さまよう霊とともに、
暴君の屍はすべて祖国から出てゆけ！
〔ルブラン『九二年の事件についての愛国的オード』〕

革命的熱狂が宗教的熱狂のごとく絶頂に達すると、人間はすっかりその虜となり、家族や友情のもっとも大切な義務を忘れ、その他の感情を一切受けつけないようになる。ジャコバン派のマリボン＝モントーは次のように書いている。「祖国が問題となる場合、そこには兄弟も姉妹も父も母もない。ジャコバン派はすべてを祖国に捧げるのだ[61]」。これは単なる戯言ではない。当時、多くの愛国者が命がけですべてを犠牲にして祖国に奉仕した。ライン川の部隊に出発する前にボウドが誓った次の言葉も、単なる空威張りではなかった。「別の土地に移っても自分の革命的な情熱に変わりはなく、南仏で行ったことを北部でも行うまでだと私は（ジャコバン）協会に伝えた。彼らを愛国派に変えてみせよう、さもなくば彼らが死ぬか、私が死ぬか、どちらかであると」。

革命的熱狂の事例を積み上げるのはもうこれくらいでいいだろう。思いつくものだけでもこんなに数が多いのだから、すべてをかき集めれば相当な量の題材が集まるにちがいない。

IX

信仰実践と儀礼　憲法制定議会の閉幕後、革命宗教はその教義や義務的シンボルなどとともに、いくつかの重要な要素が整備されてゆく。この宗教は特定の人々の人為的な発明、政治的な便法、一時しのぎの武器であるどころか、フランスの魂が生み出した自発的な特定の作者を持たない産物として、まるで十八世紀哲学が収穫し忘れた晩秋の風味ある果実のようにわれわれの前に登場する。

だがこの時代、革命宗教はそれが完全な宗教となるためには、まだ欠けているものが一つあった。それは全体的な規則的宗教実践、儀礼のシステム、要するに礼拝である。しかし、ここまでの読者ならこうした欠落はすぐに補われるものと予想できよう。ヴァレンヌ事件[二四]の年、多くの点で危機的であった一七九一年の一年間、愛国者たちは彼らの共通した希望や不安、苦しみなどを互いに伝え合うために、市民の式典や祭典等で集合する習慣をすでに身に付けていた。彼らはそこに集まって、専制に対する勝利を記念して祝い、著名な人物の死を讃え、彼らの勇気を互いに顕揚した。通常は市民の主導に任される市民集会 réunions civiques のほうは、形態、特徴、傾向の点でフランス全土で違いを見せた。どちらかといえば、フイヤン派に典型的なのがこの市民集会であり、市民祭典 cérémonies civiques のほうはジャコバン派に見られた。まだどちらの会合もカトリックの儀礼と対立することはなく、旧宗教の司祭に多少とも重要な地位は残しておいた。しかしカトリシズム、聖職者市民法[二五]に骨抜きにされたこのカトリシズムは、すでにこうした式典ではもはやお飾りにすぎなかったのは明らかだった——実際ほどなくしてそれは必要なくなった。のちほど〔第二部〕、新宗教と旧宗教の間の断絶がいかなる状況で起こったのか、新宗教はどのように旧宗教と衝突し、公然とそれに取って代わろうとしたのか検討することにしよう。

全国連盟祭　フランス人が祖国愛に包まれて一体となる市民の祭典のなかでも、時期的に早いだけでなく、重要度の点でも最初に挙がるのが〔一七九〇年パリで行われた〕連盟祭、ないしその後全国で開催された連盟祭である。これに続く数々の市民祭典の手本やモデルとなり、真に革命礼拝を生み出したのがこの運動である。

大恐怖ののち、国民議会のための武装同盟組織として初期の国民衛兵部隊が結成されたが、その目的は騒擾を抑え込み、日常生活を守り、行政の再建に不可欠な秩序の再生を行うことであった。部隊がまず最初に声高に表明しようとした思いは、公共の幸福を準備・保障しようとする代議士らの力強い政治信条への絶対的な信頼だった。[62]悪人たちの陰謀や「貴族ども」の共謀こそ、全国民に幸福がもたらされる時代の到来を遅らせる唯一の障害であると彼らは信じ、連中の策謀・計略を挫くために武器を取った。そして彼らは憲法に無条件に従うことや、祖国への情熱的な愛を誓ったのである。

　彼らは祖国という言葉を、生気のない実体や無味乾燥の抽象物ではなく、現実の堅固な友愛、公共の福祉への相互的熱望、一般利益のための私的利益の自発的放棄、そして地方的・地域的・個人的な特権すべての廃止だと理解した。一七九〇年二月十五日、ブルターニュ地方ポンティヴィー村でブルターニュとアンジェの人々はこう誓った。「われわれは、次のように正式に宣言する。われわれはブルトン人でもアンジェ人でもなく、フランス人であり、同じ国に生きる市民である。それゆえ地域的・個人的な特権をすべて放棄し、それらを憲法に反するものとして捨て去るものである」[63]。彼らは自分たちのことを自由の「崇拝者《イドラトル》」と呼んでいたが、彼らのいう自由は決して不毛でも、無味乾燥でつまらないものでもなかった。それは深いところで一致した政治的理想を実現する能力であり、調和的・友愛的な楽土を建設する手段であった。

　連盟祭は、何よりもまず新しい政治信条に対する信仰行為だとしても、それとは違うまた別の特徴を持っていた。社会の一般的な観念は、ふつう世界についての総体的な見方や、一つの哲学、一つの倫理がなければ成り立たたない。いまだ不明瞭とはいえ、こうした哲学や倫理がすでにあちこちで姿をあらわし始めていた。

祖国の祭壇の碑文には大抵、最良の政治制度はそれに応じた道徳制度が伴わなければ無力であるとの文言が市民に向けて刻まれていた。こうして政治信条《クレド》は一つの道徳的信条と結びつけられた。レンヌでは祖国の祭壇に建てられたピラミッドに、「祖国は自由なしには存続せず、自由は徳なしには存続しない」というルソーの言葉が書かれ、リヨンではコンコルド寺院の柱廊に「良き習俗を欠く国家、徳なき市民、自由なき徳は存在しない」という格言が刻まれた。大体いつも祭典を主催したのは長老たちだったが、彼らはまるで一種の道徳的司法官といった衣装を身に付けていた。「六十もの村々の国民衛兵が結集したルアンでの大規模な連盟祭では、集会の主催者となってもらうために、八十五歳になるマルタ騎士団員をわざわざレザンドリ村まで呼びに行った。サンタンデオル・オン・ヴィヴァレでは、一人は九十三歳の貴族出身の国民衛兵の連隊長、もう一人は九十四歳のいたって普通の農夫という二人の老人がまず最初に公民宣誓を行った[64]」。

のちに最高存在の崇拝、敬神博愛教、旬日礼拝は同じような道徳的関心を再び呼び覚まし、それを増幅させて体系化することになるだろう。

ところでその他の連盟祭では無邪気にも、自然への熱烈な愛、科学の発見に対する称賛が表明された。ジュラ地方の都市ドールの大連盟祭（一七九〇年二月二十一日）では、祭りのオープニングに若い娘がやってきて「レンズを使って太陽から聖火を熾《おこ》し、祭壇に置かれたギリシアの杯に点火してトリコロールの炎をつくった」[65]。ストラスブールでは、犂《すき》を手に隊列を組んで登場した農夫たちが祖国の祭壇に麦束を奉納した。

こうした事例の大半では、厳かなミサで開幕するなど聖職者が中心となって儀式が執り行われていたが、散発的にではあれ各地で反教権的な示威行動も見られた。ジャック・ボワロー――その兄弟エチエンヌはのちにヨンヌの革命礼拝の創設に重要な役割を担うことになる――の文書によれば、サン・ブリスやクラヴァン、ヴェルマントンの国民衛兵が狂信という怪物を抑え込むためにさらに力を入れるよう国民議会に申し入れている。「おお！　これ〔狂信〕こそ万物のうちで最も醜いものだ。歴史は多くの事例から野心的で獰猛な暴君どもの姿をわれわれに伝えているが、彼らのようにこの怪物も、自分を不安に陥れ、恐るべき専制体制に疑いの目を向ける人々を殺すことしか目がないのだ。打ちのめせ、打ちのめせ、力を込めてこの高慢ちきな顔を打ちのめせ。狂信を叩きつぶせば、国家に繁栄をもたらす平和と調和が再び蘇り、だれもが皆幸福になるだろう」[66]。

クラムシーでは、国民衛兵の擲弾兵シャルル・ド・スュロワが祭りの打ち上げの市民宴会で唄を披露しているのだが、その歌詞が議事録に残されている[67]。

貴族や坊主どもが

われわれの忠誠心をあざけるなら、
さぁさぁさぁ！
やつらをやっつけよう
さぁさぁさぁ！
太鼓のリズムでテキパキと！

レンヌでは、「犯罪的な努力に努力を重ね、狂信という短刀と迷信という恐怖を最後の手段に利用する」[68]連中が議事録のなかで告発されている。

こうしたちょっとした揉めごとよりももっと意義深い出来事は、いろいろな信仰を持つ司祭たちが祖国の祭壇を前に和解したことである。主任司祭〔カトリック〕、牧師〔プロテスタント〕、ラビ〔ユダヤ教〕たちは昔の怨念を公然と投げ捨て、かつての争いを悔やみ、未来のために互いに友情を結び、そして親愛の接吻で互いに誓いあった。モンテリマールでは司祭と牧師が互いに抱き合った。カトリック信者はプロテスタント信者を教会に招き、教会内陣の栄誉ある席を牧師に供した。逆にプロテスタントはその説教所にカトリックを迎え入れ、これまた特別席を司祭に用意した。クレラック（ロート・エ・ガロンヌ県）では、司祭と牧師が連盟祭の打ち上げに共同で愛国舞踏会を催している[69]。

ストラスブールの連盟祭（一七九〇年六月十三日）では、市民洗礼の儀式が執り行われた。これは管見の限り一番最初に行われた市民洗礼である。これは宗教的な性格をすべて取り去って、のちに理性の崇拝の秘跡の一つとなる儀式である。議事録から引用しておこう。「連盟の宣誓が行われたまさに同じ日に、ストラスブールの国民衛兵ブロダール氏の妻が息子を出産した。事情を知った複数の市民が、新生児は祖国の祭壇で洗礼させてほしいと願い出た……。同じ部隊に所属し、アウクスブルクの信仰告白派〔ルター派〕だったコレ氏も、生まれたばかりのわが子に同様のはからいをしてほしいと懇願すると、万事その手筈が整えられた。人々は、ストラスブールのいろいろな宗派に広くいきわたった団結力を見せつけるよい機会だと感じていただけに、喜んでこの市民洗礼に同意したのだった……」[70]。

　ところでこの記録は盛大に行われたこの儀式の模様も伝えている。カトリックの子供の代母に改革派のディートリッヒ夫人がなったり、ルター派の子供の代母に、革命自治市会《コミューン》の検事の妻であるカトリックのマチウ夫人がなったりした。カトリックの子供に、シャルル、パトリス、フェデレ、プリム、ルネ、ドラプレヌ、フォルチュネといった名前を付けたり、プロテスタントの子供には、フランソワ、フレデリック、フォルチュネ、シヴィックといった名前が付けられた。ルター派とカトリックの二人の聖職者がそれぞれ自分の役割を終えて互いに「平和と友愛の接吻」を交わすと、宗教的洗礼に続いて行われたのがいわゆる市民洗礼である。

「宗教的祭壇がどかされると、新生児を抱えた代母らが所定の位置に歩いていく。彼女たちの頭上には連盟旗がひるがえっている。彼女たちを取り巻くようにそのほかの旗も掲げられているが、軍人や民衆から彼女らが見えなくならないよう配慮されている。各部隊の隊長や司令官が証人として歩み寄ってゆく。次に祖国の祭壇に立っていた代父が彼らの名付け子の名において、大きくはっきりとした声で国民、法、国王に忠誠を誓い、国民議会が布告し、国王が認めた憲法を全力で擁護することを誓約する。するとただちに、〝国民万歳、法万歳、国王万歳〟の叫び声が四方八方から繰り返し鳴り響いた。この喝采の間、司令官やその他の隊長たちは子供の頭上に白刃で〝剣のアーチ〟を作る。このアーチの上にすべての旗が結集して円天井のようになり、さらにその上に連盟旗が掲げられるその様はまるで冠を戴いているようであった。互いの白刃が軽くぶつかって威厳ある音が鳴り響くなかを、連盟兵の古参の指揮官が次のような言葉を念じながら子供一人ひとりに三色帽章を貼っていく。わが子よ、君を国民衛兵に受け入れよう。代父のように勇敢でよき市民たれ。そして代母が子供たちを祖国に捧げようと、一定の時間、民衆の面前にお披露目すると、それを前にして喝采にさらに拍車がかかった。この光景は彼らの魂にえもいわれぬ一つの情熱を植えつけたのだった。このようにして、歴史上他に類を見ない儀式がお開きとなった」。

三色旗の下、宗教的宣誓を公民宣誓で代用し、祖国の祭壇で司祭不在で行われたこの市民洗礼では、三色帽章が水と塩〔聖水のこと〕の代わりとなったわけだが、これはのちの九三年の光景〔非キリスト教化運動〕を髣髴とさせる。ただまだこの時点では各宗派の司祭は儀式の冒頭には姿を見せていた。しかし彼らが姿を消したのは早かった。互いに抱擁し合っている彼らの姿は、まるで自分たちの過去の誤りに許しを乞うているかのようだった。
その後、その他の市民洗礼もこれに続いた。たとえば一七九〇年の六月十一日[二六]の〔ストラスブール近郊〕ヴァスロンヌ村でも、やはり国民衛兵によってフリーメーソンの剣のアーチが新生児の頭上に掲げられ、代父によって使徒信経の代わりに公民宣誓が行われている。
もう少し珍しい例としては、一七九〇年七月十四日のドールの連盟祭で、祖国の祭壇で市民婚まで執り行われた。[71]
カレンダーの聖人以外から名前を選んで子供に付けるという、その後かなり広まった習慣が生まれたのが、この全国連盟運動だったという点も指摘しておいてよいだろう。ストラスブールで洗礼を受けた二人の子供がもらった名前は、市民《シヴィック》と連盟《フェデレ》であった。
同じく興味深いのは、のちになって十日ごとに義務化される「市民の安息日」〔共和暦の旬日〕の最初の事例を提供したのもこの連盟運動だった点だ。〔フランシュ＝コンテ地方〕グレ村では、連盟祭の日、市民は宗教的祝日に倣ってまる一日休業した。警察がそうした命令を出したわけでもないのに、商店は閉められた。[72]
要するに、革命礼拝は全国連盟運動においてすでに萌芽的な状態で存在し、そこに根を張っていたと主張するのは決して誇張ではないのである。これらの神秘的で偉大な光景こそ、新しい信仰の最初の表出であり、大衆に新鮮で強烈な印象を植えつけたのだ。そのおかげで大衆は、革命のシンボリズムを受け入れ、ほどなくこうしたシンボリズムは広く普及することになったのである。ただし、とりわけ政治家にとっては、このことはいかに形式や儀式が大衆を虜にする力があるかの例証でもあった。連盟祭の光景は、それを祖国愛に利用できないものかと政治家たちに思わせるのに十分だった。こうして彼らは立法議会以降に数多く構想された「国民の祭日」、「公共制度」、「市民礼拝」といった将来現実のものになる制度のモデルをそこから引き出し、実際に国民公会期と総裁政府期を通じてそれを実現していったのである。

X

いろいろな市民祭　一七九〇年から九二年にかけては、いろいろな祖国の祭典が目白押しだった。これらはいくつかの面で完全に連盟祭運動を想起させるものであり、のちの理性の崇拝の到来を告知し、準備することになる。

確かにその時々の状況やその政治的熱気によって各祭典はそれぞれ固有の特徴を帯びている。だがそうであっても、新たな政治制度を称揚・擁護したい気持ちや、それを生み出し、揺るぎないものにした偉大な出来事を記念したいという思い、そして制度を立ち上げ、準備した人々に公けに感謝の念を捧げたいという切なる願いなど、どの祭りも同じ息吹を感じさせた。それゆえこうした集会は、期待される幸福への手段や夢見られた理想がどういう名前で呼ばれようとも、本質的には革命、祖国、自由、法に対して向けられた崇拝なのである。その儀式や着想などからして、これらの集会はそれがのちにモデルとされる恐怖政治期の祭典や旬日礼拝にすでにこの時点で似通っている。

革命の栄光の日々の祝福を主な目的とした集会の場合、それは記念祭に属する。とりわけ〔過去ではなく〕現在の政治的事件にかかわる喜びの表出としての集会の場合は政治祭となる。他方、革命の労働者や殉教者に対する称賛と感謝の証を示す集会もある。これは偉人の崇拝、つまり自由の殉教者の崇拝である。最後に勇敢で誠実な行動に報いるための集会もあって、これは道徳祭となる。

六月二十日の記念祭　国王の意志に対する代議員の最初の公然の抵抗だった球戯場の誓いは、愛国者の心に忘れえぬ一つの記憶を刻み込んだ。一七九〇年の初頭、ジルベール・ロム[73]の音頭で、「フランスを救ったこの悪魔祓い〔球戯場の誓い〕を不滅のものとする」ための特別な協会がパリとベルサイユで発足し、一七九〇年から三年連続で六月二十日に市民祭を挙行してその記念日を祝ったのだが、特に最初の年のそれは格別に素晴らしいものだった。[74]「愛国大隊」を組織した協会のメンバーは、パリ大通りからヴェルサイユに入った。そのなかにはバスティーユからの四人の参加者も含まれており、彼らは「球戯場の誓いが不滅の文字で刻まれた青銅板」を携え、「また別の四人はこの聖なる板を球戯場の壁面にはめ込むためにバスティーユの瓦礫を持参していた」。ヴェルサイユ市当局が隊列を出迎えに来た。フランドルの連隊は「聖櫃《せいひつ》」

〔十戒の石板ならぬ宣誓の銅板の入った匣〕を前に捧げ銃で敬礼する。球戯場に着くと参加者全員が「宗教的な深い感動のなかで」もう一度宣誓し、続いて一人の弁士が彼らに向かって演説した。「イスラム教徒がメッカに行くように、いつの日かわが子たちもこの寺院に巡礼することだろう。それは孝心に篤いローマ人が建てた寺院が集めるのと同じ尊敬の念をわが子孫に抱かせるだろう」。歓呼の叫びのなかを、長老メンバーの手によって宣誓の板が壁面にはめ込まれた。「それをはめ込める幸せを誰もが羨んだ」。こうして、そこにいた全員が後ろ髪をひかれる思いで心に深く刻み込まれたこの場所から去っていった。「彼らは互いに抱き合い、そしてヴェルサイユの市門まで市当局、国民衛兵、そしてフランドルの連隊の華々しい見送りを受けたのだった」。パリへの帰路の間もずっと「彼らはひたすら人間の幸福についてしゃべり続けていた。それはまるで神々の行進のようだった」。ブローニュの森では「われわれの祖父母にふさわしい」三百人前の食事が「祖国を愛する若き妖精たちによって」彼らに供された。テーブルの上には、「なおも祝典を取り仕切っているかのごとく、ルソー、マブリ、フランクリンといった人類の友の胸像」が配置された。協会の議長であるG・ロムは「食前の祈りとして人権宣言の最初の二条を読み上げた。するとすべての会食者たちが、かくあれかし！ と繰り返し叫んだ」。食後のデザートの際には、その日行われた行事の記録が読み上げられた。「この宗教的な行いにさらに多くの拍手喝采が沸き起こった」。続いて祝杯がやってきた。「最初の祝杯を手にする幸せを得た」のはダントンだった。「愛国心は世界の果てまで広がらねばならぬと述べると、彼は健康と、自由と、全世界の幸福のために乾杯の音頭を取った」。〔ブーゼーの男爵〕ムヌーは「どこまでも一体である」国民と国王の健康を祝して乾杯し、シャルル・ド・ラメットはバスティーユの勝者たちの健康を、レジェ＝フェリシテ・ソントナは植民地のわが兄弟たちを、バルナーヴはフランドルの連隊をそれぞれ祝し、ロベスピエールは「これまで多くの危険を冒し、なおも祖国の防衛のために体を張っている勇敢な文筆家たち」に乾杯した。そこである参加者がそれはカミーユ・デムーランのことだと名指しすると、彼の名は一躍称賛の的となった。最後に、ある勇ましい騎士が「ローマの婦人にも匹敵する愛国心を革命のなかでいかんなく発揮した女性たち」を祝って一連の乾杯を締めくくった。すると「羊飼いの服を着た女たち」が宴会場に乗り込んできて、デギイヨン、ムヌー、ラメット兄弟、バルナーヴ、ロベスピエール、ラボルドら国民議会の議員に柏の葉の冠を被せた。祭りに参加していたある有名な芸術家〔画家ダヴィッド〕は、「断固として公共善を守り抜く彼らの姿を後世に伝えるために」その才能を発揮することを約束した。続いて、バスティーユからの四人の義勇兵が「専制体制と国王の懲罰の〔象徴である〕この巣窟〔バスティーユ監獄〕の模型」を食卓に運んできた。すると兵士らがそれを取り囲み、サーベルを引き抜くとそれを粉々に打ち砕いた。「観衆の驚きはいかばかりだったか！　振り下ろされるサーベル越しに、白布にくるまった幼児――それは虐げられた罪なき人々の象徴であり、生まれたての自由の象徴だった――が人々の目に入った。すると彼らは赤ん坊を高く掲げた。だが見ているだけでは飽き足らず、〔四人が持参したバスティーユの〕瓦礫のなかから見つけた自由の象徴であるウール帽を、その子供に被せた。人々はもっと何かないか瓦礫のなかを捜すと、人権宣言の冊子が数冊と、ルソーとレナルの著作のいくつもの抜粋が見つかった。それが会食者たちにばら撒かれると、われさきに冊子を取ろうと競い合った。こうして各自それぞれバスティーユの残骸を持ち帰っていった……」。

こうした話に余計な解説を加えるまでもないだろう。この時代の感性や牧歌的な情景から人は、柏の冠を戴く立法者たちがその実現に向けて準備している最良の社会を熱烈に待ち望む思いと同時に、瓦解した体制に対する激しい憎悪やその体制を連想させるものすべての破壊願望をそこに感じ取ることができるだろう。

七月十四日　これまではある私的な協会が音頭をとって六月二十日の記念日〔球戯場の誓い〕を祝っていたが、いまや政府当局や国民議会が直々に七月十四日の記念祭を企画することになった。

一七九〇年七月十四日にフランス全土の国民衛兵の代表者がシャン・ド・マルスに集まったのは、おそらくバスティーユを奪取した記念日を祝うためだけではなかった。この全国連盟祭は単なる記念式典の枠を超えていた。それはまことに祖国の祭典、新生フランスの祭典であった。それは「有史以来人類を讃えてきた祭りのなかでも最も重要で、最も堂々たる厳かな祭典」といわれ、この祭典自体が革命の偉大な出来事の一部になると、今度は連盟祭がバスティーユ奪取のように祝福されたのである。これに続く数年間、七月十四日の祭典ではこの二つの出来事が一緒にまとめて祝われることになった。

一七九一年、法による指令を待つまでもなく、多くの市町村では自発的に二つの記念日が祝われた[75]。パリでは、行政当局と国民衛兵がバスティーユの廃墟のうえで議会の代表団と合流すると、そこから列を組んで〔立憲派大司教〕ゴベルが祖国の祭壇でミサを挙げる連盟祭の広場へと向かった。『モニトゥール』[76]によれば、観衆の数はかなりのものだったという。夜には、家々の正面に明かりが灯された。

憲法制定議会はその解散の前に、七月十四日を法的に祝日にすることを決め、毎年この日にディストリクト〔革命期の県の下位区分〕の行政府で連盟の誓いを新たにするよう命令した[77]。

一七九一年の祭典は、直前に起こったヴァレンヌ事件の記憶から暗澹たるものとなったが、一七九二年は八月十日が近かったせいで盛り上がりを見せた。この年の七月十四日は、パリで議会の代表団がバスティーユの廃墟に赴き、憎むべき要塞の跡地に愛国者パロワの計らいで建てられることになった自由の記念柱の竣工式に参加した。続いて連盟祭の広場で行われた式典では、今回初めて聖職者の出番がまったくなくなった[78]。祭りの行列のなかには、「ダヴィッド発案の新しいコスチュームを着た市民」六人に担がれた自由の彫像や、子供を抱えた老人たちを従えた三色旗の神輿に乗った女神ミネルヴァの彫像が登場した。祖国の祭壇のそばには、自由のために死んだ市民の名誉を讃えたピラミッドが建つ一方、紋章や羊皮紙、廃止された騎士団の綬

1790 年 7 月 14 日の全国連盟祭の様子.

火が放たれた「貴族の木」. ベルトーの版画. 1792 年の連盟祭.

が掛けられた「貴族の木」は、消え去った過去を呪詛の的にした。式典の終わりに、子供や女性、退役軍人らが自由の殉教者の霊廟に柏の冠と花を供えている間、老人と役人の手によって貴族の木に火が放たれた。すると人々はマリ＝ジョゼフ・シェニエ〔劇作家〕のほどなく有名になる讃歌を歌い始めた。

「民衆の、国王の、都市の、農村の神……」

各地方でも七月十四日は、パリ同様、多くの古典的なアレゴリーを使って祝われた。だが、そのほとんどで祖国の祭壇でミサが執り行われた。

八月四日　特権身分にとって八月四日の記憶は思いの外好都合なものだったからにせよ、逆にこの有名な夜に可決されたまったく形だけの政令が愛国派の心にあまりに大きな失望[二七]を突きつけたからにせよ、八月四日の記念日は七月十四日と同じ栄誉に浴するものではまったくなかった。当局にその関心がまったくなかったからである。それを記念しようと考えたほとんど名もない数人の個人はいたにはいたが、彼らの計画も結局は頓挫する。一七八九年の年末、そのうちの一人が、毎年「この不滅の日に[79]」挙行する国民祭典の企画を提案した。いわく、各都市ごとに自由を祀る寺院を建立し、その外陣にはルイ十六世の彫像を立てる。「万人の至福への協力者、代理人、下僕」である千二百人の議員も寺院の壁に自らの肖像画を掛ける。「母親たちは義務としてお披露目のためにこの寺院に息子を連れて行き、そこで市民権を授けてもらい、名前を拝受する。この種の愛国洗礼のおかげで、彼は新生国家の子供となる」。

自由の勝利をテーマに舞台の脚本を書く役目は最良の劇作詩人たちに任され、毎年八月四日に民衆の前で芝居が上演されることになる――。

こうした計画があくまで計画に留まったのは、いうまでもない。

しかし少なくとも一度は、十分の一税の廃止が行事として祝われたことがあった。一七九一年、G・ロムが責任者を務めるジェムー（リオム郡）の友愛協会が、十分の一税の廃止を記念して収穫祭を行った。市町村議員が住民の取り巻きを従えて、収穫を終えたばかりの野原に赴き、革命が土地を解放した際に出したいくつかの有益な法律をみなで再び胸に刻み込む。そして最後は、教会で神に感謝してテ・デウム〔カトリック教会聖歌〕が謳われて祭りの幕が閉じられた。[80]

この少しあと、一七九一年九月には、セトモンセル（ジュラ地方）の住人が、市民祭を挙行してこちらは奴隷制の廃止を祝した。[81]

政治祭　革命信仰の本質は新しい政治制度が抱かせる幸福への期待にこそ存する。だから、次の憲法の実施を全市民が待ちわびている場合に、そうした政治的な動きがあれば、それに伴って皆の希望を表現する市民祭がいくつも挙行されたとしてもなんら驚くことではない。

一七九〇年二月四日、国王が国民議会の用意した憲法の尊重をおごそかに約束したと告げられたこの日、フランス全体は大きな歓喜の渦に包まれた。パリでは二夜続けて街にイルミネーションが灯った。国王の到着後に国民議会が唱えた公民宣誓は、あらゆる市町村自治体《コミューン》の愛国セレモニーで繰り返し唱えられた。そしてついに憲法が完成すると、それを華々しく公布するために、一七九一年九月十八日にパリで大きな祭典が挙行された。当局者らが列を組んで連盟広場に到着すると、市長が祖国の祭壇に登り、市民に憲法書がお披露目された。セレモニー後は、気球の打ち上げという当時最新の出し物が群衆に公開された。夜は街全体にイルミネーションが灯った。「一連の灯りは、ルイ十五世広場からエトワールと呼ばれる場所までのすべての樹木を結びつけた[82]」。

次の日曜日、九月二十五日に祭りは再開されたが、とりわけシャンゼリゼの円形広場のそれは素晴らしいものであった[83]。

九三年の憲法は当然ながら同じ年の八月十日の連盟大祭でさらにもっと盛大に宣言された。

自由の恩人と殉教者の祭典、葬儀　愛国派はかつて革命を準備し、そのために亡くなったすべての人々を記念して、彼らへの感謝の儀式を非常に早い段階から計画した。マラーやシャリエ、ル・ペルティエよりも前に、その他の清廉の政治家や自由の殉教者にはすでに彫像や礼拝が用意されていた。

アンドレ・デジルス　一七九〇年九月二十日、不幸にもいわゆるナンシー事件[二八]が勃発すると、シャトーヴュー連隊の反乱スイス人傭兵を鎮圧しようとして死んだ国民衛兵の栄誉を讃え、盛大な葬儀が連盟広場で執り行われた。流血沙汰を止めようとして命を落とした将校デジルスは、一七九一年一月二十九日の国民議会の会合で柏の冠を被せた彫像の姿になってその名誉が讃えられた。彼の英雄的行動を再現した一枚の絵が画家のルバルビエに発注された。

　これを機に議員のグイは、革命がその殉教者たちに授けた死後の栄誉からいわば一つの道徳を引き出し、彼ら世俗の聖人を宗教の聖人や偉大な征服者になぞらえている。

「この種の崇拝、つまり感謝と称賛の念からなされたこうした神格化はこれまでまったく別格の英雄たちのものだった。征服への情熱から聖別された人物にだけ、盛大な葬儀が出され、喝采が送られた。だがついに彼らの仲間に祖国愛の殉教者が加わり、市民の犠牲に報いるセレモニーが今日催されるなら、それはなんと人類と自由の名にふさわしいことか。この〝憲法の寺院〟〔議会のこと〕に命を吹き込みたいなら、ここに追悼の碑を建てよう。諸君の悲しみとわれわれの尊敬の辞を今日受け止めてくれる憲法の一連のイメージは、〝もっとも立派な守護者〟というものだろう。この新生憲法が敵どもを呼び寄せる可能性はもちろんあるが、諸君がここで聖別した最初の殉教者が英雄神の仲間に加えてもらえる望みがあるというなら、それだけでも彼に倣う人々を生み出すに十分だろう……」。

　グイは単刀直入に市民祭を議会や新制度に役立つ政治的手段に転換しようと提案する。

「そういうわけで生命のないこの大地から、英雄を生み出すのはどこまでも諸君次第なのだ。大地のなかに眠る種を発芽させるのは国の立法者の役目であり、それを開花させるのはどこまでも諸君の手入れに懸かっている。もしこの世で最も名誉な市民の冠が、君たちの指示で祖国愛に身を捧げた犠牲者の頭を飾ることになれば、この最高の名誉は国境の安全と防衛のために諸君の命《デクレ》によって招集されたフランス人五十万の心を燃え立たせるものと、私は確信している。この名誉は厚かましくもわれわれの有益な仕事を妨げる敵どもに対する堅固な盾となり、すばらしい褒賞〔叙勲〕[84]は憲法の現在と未来の反対者どもを追い払う最も確実な城壁となることもまた疑いない……」。

確かにその思想はまだはっきりしていないが、その輪郭はほどなくして姿を現し始め、愛国派のリーダーたちは立法議会の開始当初から、革命礼拝の断片的な要素を一つにまとめあげ、形を整えてそれを市民へのプロパガンダの手段にしようとするだろう。

ミラボー　ミラボーが死んだ時は壮麗な儀式が催された。ミラボーの遺骸や、同じく祖国の名誉に値する偉人の遺体を納めるために、サント・ジュヌヴィエーヴ教会はこの時にパンテオン[二九]に改装された[85]。

ヴォルテール　ヴォルテールは、彼の場合、一七九一年の七月十一日に大群衆のなかを〔セリエール大修道院から」パンテオンに移された。[86]『村民便り』はこう伝えている。「式典は崇高かつ感動的だった。それは民衆の魂に訴えかけ、精神を高揚させた。それは修道士の行進やイメージを失墜させ、一筋の天啓の如く最も粗暴な人間たちさえ感動させた。この式典は敬虔な祖国愛の熱意を膨らませ、あらゆる方面に哲学の光を広めることに貢献した。それゆえこの日は、古いいわば理性の進歩を一世紀も早めたのだった……[87]」。この頃には進歩的な愛国者たちは、宗教的な儀礼に市民祭典を対置させる自分たちの思惑をもはや隠すことはなかった。

一七九二年を通じて、愛国的な祭典が次から次へと催され、フランス全土に広まっていったのである。

シャトーヴュー連隊のスイス人傭兵　一七九二年四月十五日、コロー・デルボワとタリアンによって、ブイエ将軍の弾圧の犠牲となったシャトーヴュー連隊のスイス人傭兵を祈念して自由の祭典が挙行された。その行列は大群衆に囲まれたパリ中心部の大通りを練り歩いた。そこでは、肩に担がれた人権宣言やバスティーユの模型、フランクリン、シドニー、ルソー、ヴォルテールの胸像、四人の女性市民に担がれたシャトーヴュー兵士の鎖、女神像を頂く自由の山車、そして二十頭の立派な馬に引かれたローマ女神ファーマの山車に乗った四十人のスイス人傭兵の姿が見られた。

この日の模様を伝えた『モニトゥール』は、そこから政治家に有益な情報を引き出している。「われわれはさらに行政官たちにこういおう。常に民衆にはこうした祭りを与え、毎年四月十五日にはそれを挙行せよ。自由の祭典はわれわれの春の祭りとし、その他の市民祭はその他の季節の到来を告げていることにしよう……。祭りは民衆の魂を高揚させ、その習俗を和らげ、その感受性を育む。そして民衆の勇猛さを高めることで、いわば彼らを新しい民衆へと作り変える、いやすでに作り変えたのである。民衆の祭りは民衆の最良の教育である[88]」。ここでは重要な言葉が発せられている。自発的に沸き起こった市民の祭りを民衆のための学校にしたり、国を再生させる手段にすることが、今後革命礼拝を組織しようとする人々の計画の本質的なポイントになるからである。

ジャック・シモノー　シャトーヴュー連隊のスイス人傭兵の祭りないし自由の祭典に続き、一七九二年六月三日に行われたのがシモノーの栄誉を讃える葬儀と法の祭典である。エタンプ市長だった彼は食糧法を忠実に守ろうとして民衆の食糧暴動のなかで殺害された。立法議会の穏健派やフイヤン派にとって、シモノーの葬儀は彼らが反乱の賛美だと呼んだスイス人傭兵の祭りに対する一つの応答であった。スイス人傭兵の祭りは数人の進歩的な愛国派が個人的に音頭を取って催されたのに対し、シモノーの葬儀を組織したのは行政当局だった[三〇]。パリ市の法令[89]も加えた立法議会の政令[90]によって、セレモニーの順序や構成が取り決められた。フォーブール・サンタントワンヌで組まれた行列は連盟広場へと向かっていく。主だった標章としては、法と書き込まれた古代風な三色旗やバスティーユの模型、団結しよう、そうすればわれわれは自由だという文字の入った八十三県の県旗、法の旗、レクティステルニウムの儀式[三]にゆかりの法の守護神が見える。そのほか市民の冠と月桂冠を戴くエタンプ市長の横顔のレリーフ、棕櫚《しゅろ》の葉と長い喪章のついた有徳のシモノーの綬、彼の胸像、長老らが運んできた黄金の王座に置かれた律法書などもあった。連盟広場では法の祭壇が築かれ、そこでは大量の香が焚かれた。

似たような祭りはシモノーの栄誉を讃えて複数の県やアンジェ[91]、チュール、サンリス、リヨンなどでも実施された。

そうした祭りのプログラムを読んでみてすぐに気づくのは、それらの儀式が国民公会や総裁政府の葬儀と非常によく似ている点である。デジルス、シモノー、ミラボー、ヴォルテール、オッシュ、ジュベールなど賛美の対象となる殉教者が誰であれ、儀式の外見上の形式はほとんどどれも同じである。どの葬儀でも同じ説明、同じ標章、同じ碑文が絶えず繰り返し現れた。

自由の殉教者に捧げられたこうした死者崇拝は、単に人気のある人物や誰の口にもその名が挙がる有名人だけに行われたわけではない。それはまた二流三流のちょっとした英雄に対してもその近親者や友人、同郷者などによって行われた。

ジョゼフ＝アントワンヌ・セリュッティ　『村民便り』の初代編集者だったセリュッティは一七九二年の初頭に急逝するが、死後、彼の支持者によって数多くの葬儀の対象にされている。[92]

ジャン＝バティスト・グヴィヨン　ラファイエットの友人であるグヴィヨンは一七九二年の六月九日に政敵に殺害されたが、セリュッティと同じ栄誉に与っている。[93]

道徳の祭典　文字どおり市民的であるこうした儀式に続いて、とりわけ道徳的なセレモニーがほどなく加わることになった。もし公共の徳の起源は私的な徳のうちにあるというのが本当なら――革命の当事者たちは固くそう信じていたわけだが――、どうして公共の徳と同じ名誉が私的な徳にも与えられないことがあろうか？

一七九〇年二月四日、パリの市議会はいまでは名前のわからない一人の擲弾兵に市民の冠と名誉のサーベルを授与した。その理由は、バスティーユの奪取の日に一人の少女を要塞の司令官の娘だと勘違いした群衆の投石から救ったというものだった。[94]

その他の同種のセレモニーもパリで挙行されたが、首都の事例はすぐさま地方にも広まった。一七九二年六月二十日、議員ラキュエは、最近ロート・エ・ガロンヌ県の県議会が暴動のなかから一人の市民を命がけで救ったジャン・イモネという荷車引きを労うために市民祭を行うよう命令したことを、立法議会の同僚に話した。するとそれがきっかけとなってイモネには祖国の名において柏の冠が授けられた。この祭りの話をした議員ラキュエは公共精神の目に見える進歩を大いに喜び、有徳な行為に対して正式に授与されるこうした報償が、最大級の幸福を約束する政治的企てとなる予兆を感じている。[95]

こうして祖国はもはや物質的な幸福の手段だけでなく道徳の後見人にもなった。古い宗教が徳の報いを受ける場をあの世に追いやったとすれば、新しい宗教はこの世で報酬を授けた。実際、革命礼拝は道徳的な説教に大きな比重を与えることになる。

道徳祭、政治祭、記念祭、自由の殉教者の祭典など、一七九二年以降、革命宗教の儀礼は本質的な特徴を伴ってその姿を見せ始める。この儀礼はそのシンボリズムと同様、人為的なものではない。どちらもあらかじめ計画されたものではなく、どちらかといえば場当たり的に、自然発生的に出来上がったものだった。つまりそれは愛国者の集合的想像力が作り上げた匿名の産物だったのである。

XI

愛国的祈りと斉唱――劇場の影響　セレモニー以上に、礼拝がその信者に強烈な印象を与える手段は祈りと斉唱である。かなり早い段階から、革命礼拝には祈願と聖歌があった。日付は不明だが一七九二年末までに、J・ボセというブロワ村の一人の国民軍砲兵が愛国祈禱の選集を出版した[96]。『村民便り』に協力して寄稿していた司祭＝哲学者たち――彼らはのちの理性の崇拝で革命派司祭となる――は、古い信仰と新しい信仰の間に折り合いをつける必要があると早くから感じていた。のちに『敬神博愛教信者の反響』（共和暦六年）をまとめるアンピュイ（ロワール）の主任司祭シオーヴは、一七九一年十一月に「説教の古代的・迷信的祈禱[97]」に取って代わることを目的とした、正義と平等の神への祈りを書き上げた。その少しあと、今度は彼の同僚でオルヴィルの主任司祭クエが極めて美しい愛国の祈りを出版し、すべてのフランス人が自由に相応しい存在となるよう神に祈願した[98]。この種の祈りは、のちの理性の崇拝や最高存在の崇拝でも登場するだろう。

さて一七九二年以降、革命信仰は歌謡のなかにも姿を現し、市民の心に真の宗教的な陶酔感を浸透させた。サ・イラやカルマニョール、マルセイエーズ[三二]などはすぐに市民の心をとらえて人気となった。

フランス人が情熱を傾ける演劇もまた祖国愛の雰囲気を広めるのに一役買ったが、市民のセレモニーにも影響を与えた。一七九〇年以降、政治的なものが上演され始め、「歴史的事実」や「スペクタクルな作品」、「国民的悲劇」などの題材が次第に公衆に好まれ、量産された。年代順に挙げよう。一七九〇年―コロー・デルボワ『愛国的家族――連盟祭[99]』、ファーブル・ドリヴェ『一七八九年七月十四日[100]』、ガティオ『火炙り――宗教裁判[101]』、シャルル＝フィリップ・ロンサン『自由の祭典――愛国者の晩餐[102]』。一七九一年―ミシェル＝ジャン・スデーヌ『ヴィルヘルム・テル[103]』、オランプ・ド・グージュ『シャンゼリゼのミラボー[104]』、ジャン＝バティスト・ピュジョル『ヴォルテールの凱旋[105]』、ヴィルマン・ダバンクール『ロミイのヴォルテール[106]』、シャルル＝フィリップ・ロンサン『狂信・暴君同盟[107]』、ショサール『新生フランス[108]』。一七九二年―ルスュール『ボールペール礼讃』[109]、ジョワニー『リール包囲戦』[110]、匿名市民D・D『シュパイアーの将軍キュスティーヌ』[111]、シャルル＝ルイ・ティソ『すべては自由のために』[112]など。

シェニエの『共和国の勝利――グランプレの野営』[113]のように、子女の合唱、老人や役人の随行、軍隊行進、国民礼讃、ゆったりとした調べの讃歌、自由と自然への祈りなど盛りだくさんの作品は、間違いなく愛国的な祭典の企画者にいろいろな手本をそっくり提供した。この種の夢幻劇は、筋立てが単純で日常的なシチュエーションに設定されており誰にでも理解できるので、民衆に観劇の習慣を教え、彼らを芝居好きにし、あらかじめ理性の祭典のいろいろな主だったモチーフに馴染ませるにはうってつけだった。

実際すでに愛国劇と市民祭典は互いに合流し、融合し始めていた。一七八九年の選挙人たちは、革命の栄光の日を記念して一七九一年七月十三日に実施した市民祭で、〝デゾジエ〔オペレッタ作曲家〕の神聖劇〟といわれる『バスティーユの奪取』をノートルダム寺院で上演させた。[114]アンドレ・デジルスの名誉を讃えて憲法制定議会が葬儀を命じていたちょうどその頃、ナンシー事件の英雄たちを称賛するために書かれた歌劇『ヌーヴォー・ダサス』がイタリア座で上演された。[115]

まとめ

まとめに入ろう。以上から社会の制度化自体を対象とした革命宗教が存在したと結

自由の木の植樹の場面は、モンヴェル[三三]によって喜劇『祖国の樫の木』のなかで上演された。

論づけてよいのである。この宗教には義務を伴う教義（人権宣言、憲法）と神秘的な崇敬の念に取り巻かれたシンボル（三色旗、自由の木、祖国の祭壇など）、儀礼（市民祭典）、そして祈りと唱歌があった。一七九二年の末の段階で、もはや真の宗教の要件としてこの宗教に欠けているのは、まだ完全にはお払い箱にしていないカトリシズムと手を切って、自分こそが真の宗教であるという自覚を持つことだけだった。もちろん古い宗教とのこの訣別は一挙に行われたわけではない。第二部ではこのような決裂が各政治党派の動きによるものであったことと同時に、当時の社会情勢に由来するものでもあった点を確認することにしたい。

第二部　新宗教と旧宗教はどのように訣別したか?

第一章　憲法制定議会期の反教権運動

I

愛国派とカトリシズムの改革　一七八九年の時点では、革命家の最も過激な連中でさえ、堂々とカトリシズムを攻撃し、それに代わる新たな宗教を立ち上げようなどと考えた人はまずいなかった。国家から教会を切り離そうなどと誰も望んではいなかったし、完全に世俗的《ライック》な国家などという考えはまったく無縁だったのである。

もちろんこういったからといって、彼らのうちの多くが断固たる反教権主義者であったことや、『社会契約論』のキリスト教批判、つまり粗暴な《アンシヴィル》宗教を積極的に批判していたことを否定するものではない。しかし、彼らは民衆の大多数が今なお敬虔な信者であるという点を考慮し、必要な駆け引きとしてその反教権主義を心の奥底にしまい込み、必要とあらばキリスト教への尊敬の念があるようにむしろ装ったのである。だが彼らにしてみれば、これは単なる偽装や計略の類ではなかった。ルソーやヴォルテール、そしてその他多くの啓蒙思想家がそう考えたように、彼らもまた民衆には必ず宗教が必要であり、未来社会の来るべき「市民宗教」を受け入れるまでに民衆が成熟するまでは、民衆から既存の宗教を取り上げるべきではないと考えていたからである。ともあれ革命家たちは、キリスト教を改革し、純化させ、新たな政治制度に順応させること――要するにその反社会的性格を徐々に取り除くこと――を目指しつつ、キリスト教を受け入れる素振りを見せたのである。

一七八九年に出版された『ニーム・アカデミー回想録』の著者ラボー・サンテティエンヌは、その書でこうした戦略に対してはっきりとルソー流の一つの定義を与えている。「重点的にやるべきことは、宗教の持つ道徳的な権限を打ち壊すことではない。むしろ現在この権限を握っているのはその任にふさわしくない連中だが、彼らからこれを取り上げて、社会的利害の唯一の管理者の手に引き渡し、この権限を政治が持つ道徳的な権限に結びつけることを考えなければならない」。言いかえれば、宗教を国家の監視と管理のもとに置かねばならない。カトリシズムを国民の宗教に作り変えなければならない。だがこれも最初の一歩にすぎない。ラボーは続ける。「信者行列、信心会、野外での儀式などの数をそれとわからないように減らしていこう……。教皇年貢〔聖職禄所得税〕を廃止せよ、聖職者会議に規制をかけ、それを王権の役人に仕切らせよ。聖職団を政府に従わせれば、宗教は市民のものとなって法のもとに行動し、二つの権限〔精神権と世俗権〕が同じ一つの手に握られる時代がやって来よう。そうなれば市民の力は最大限の威力を発揮しよう[116]」。

聖職者市民法　憲法制定議会の哲学派議員《フィロゾーフ》たちはこの計画を採用して実行に移していく。彼らの考えでは、聖職者市民法はカトリシズムを改善して新体制に順応できるようにすることを目的としていた。この市民法に賛成票を投じた誠実なキリスト教徒であるフランス教会主義者《ガリカニスト》らはこれを最終的な結果だと考えたが、彼らに賛同する哲学派議員にとっては単なる前奏曲、根回しの一つにすぎなかった。

憲法制定議会の哲学派議員はすでにカトリシズムの国教宣言を拒否し、将来に備えて自由に身動きがとれるよう手を打っていた。一七九一年二月十日、彼らは次の三点を求めるクェーカー教徒の嘆願を快く受け入れた。まず第一に、自分たち〔クェーカー教徒〕の宗教とは相いれない軍役から免除されること。

第二に、独自の道徳律に則って自らの誕生、結婚、埋葬を登記できるようにし、この登記が正当な証明とされること。

そして第三に、あらゆる形式の誓約から免除されること[117]。

さらに哲学派議員は、デュラン・ド・メヤンヌが婚姻の世俗化《ライシザシオン》〔秘跡を婚姻の条件にしないこと〕を求めた報告書も熱烈に歓迎した[118]。さらにヴァレンヌ事件以降は、彼らは有禄修道女に対して結婚を条件に教会の手当〔と同額の給料〕を保証し、これは教会の独身制に対する間接的な打撃となった[119]。

改革派司祭と司祭の結婚問題

しかし、憲法制定議会の哲学派《フィロゾーフ》議員は、在野の啓蒙主義者《フィロゾーフ》にさっさと先を越されてしまった。聖職者市民法は、宣誓聖職者の最も急進的な部分である改革派主任司祭——のちに革命礼拝を行う急進派司祭となる人々——を満足させるには至らなかったからである。彼らはこの法律に失望した。アミアンの司祭ルフェスは一七九〇年七月十一日、親交のあったロベスピエール宛の手紙のなかで、絶対に必要な改革として司祭の結婚を弁論してくれるという彼との約束を再度確認している。[120]

一七九〇年十一月、「齢《よわい》五十の」一人の主任司祭が結婚の自由を司祭に与える許可を求めて国民議会に請願書を送った。ジャコバン派は、結婚の自由は原始キリスト教教会では慣例だったとするこの請願書を、公式の場で朗読させるという栄誉を与えてそれに応えた。[121]すでにラ・レヴェリエールは、自分の市町村《コミューン》の陳情書に独身司祭の廃止を盛り込ませていた。[122]大半が聖職者の手になる大量のパンフレットは世論を前にこの問題を提起し、それに訴えることに成功したように見える。[123]ほどなくこうした宣伝は実践へと移ってゆき、九三年〔非キリスト教化運動〕を待たずに妻をめとる司祭も現れた。[124]

改革派司祭はその他の点でも聖職者市民法の欠点を指摘し、改善を要求した。ヨンヌ県サント＝パレイユの主任司祭カレは、議会に対してラテン語の礼拝式をフランス語に変えるよう陳情し、その嘆願書は耳目をひいた[125]。

今では名前がわからなくなった別の主任司祭は一七九〇年以来僧服廃止の手本を示し、ジャコバン・クラブに「ブルジョワ風のテールコート」姿で現れ、拍手喝采を受けた。彼はまたすでに自分の小教区に愛国クラブを作り、自分の信徒に二つの教理問答を作っていた。「一つは、従順と謙虚を説く聖なる宗教の義務を説明するもの。もう一つは、政令を解釈して、心も精神も一つになった国民の意思とその敬愛すべき国王に対する敬意を、教区信者・兄弟・友人・子供らに教え込むものである[126]」。

『村民便り』　一七九〇年末、改革派司祭らはほどなく、その考えを広めるために大幅に自分たちの自由のきく有力新聞『村民便り[127]』を創刊した。

ラボー・サンテティエンヌ、セリュッティ、グルヴェルらによって創刊されたこの新聞は、すぐれて宗教的革新者の機関紙であった。発刊当時は非常に慎重な姿勢を見せて、表面的にはひたすら聖職者市民法を擁護し、愛国教育を村々にまで広めることに努めていた。愛国司祭とともに学校教師もこの新聞の対象読者だった[128]。だが宣誓拒否僧への反論を口実として、『村民便り』には徐々に程度の差はあれ、宗教そのものに対する婉曲的な批判が掲載されるようになっていった。第二十号（一七九一年二月十日木曜日）に載った「歴史家が狂信と呼ぶ古来の病の処方箋」という記事は、まだ間接的であるとはいえ、カトリックの教義に対する辛辣な批判で埋め尽くされた。これに続く号ではその大胆さに拍車がかかり、たとえば自然宗教に賛辞を送ったり、ほどなくデュピュイが自著『全崇拝の起源』[三四]（一七九四年）で展開するような理論を下敷きに、キリスト教のなかに自然主義的なシンボルを見出そうとしている。「どんな僧侶も、教皇も、時代も、そしてどんな新しいものでも、これまでかつて太陽や農業信仰（原初宗教）の四季の大祭をずらすことはできなかった。聖ヨハネの祝日〔六月二十四日〕は夏至の祭りを、聖母マリアの祝日〔九月八日〕は秋分の祭りを、クリスマスは冬至の祭りを、そして復活祭〔四月二十日前後〕は春分の祭りを引き継いだものである。キリストの復活は春の訪れによって生命が再生する田園の復活に宗教的なヒントを得ている。エジプトでは、その同じ日にオシリスの象徴的な復活を祝う祭りが実施・記念された。その日にフェニキアではアドニス、フリジアではアシス、ギリシアではプシュケ、シシリアではプロセルピナ、そしてペルシアではホルミスダスについて、それぞれ復活・再生の記念祭が実施された[129]」。

　ほどなく非キリスト教化運動の最初のリーダーとなるP・マニュエルは同じ紙上で、ミラボーの冥福を祈るのにミサが行われていることに憤慨している。「ミラボーのためにミサだと[130]！まだ貧者のためにパンを配るほうがましではないか？」。マニュエルは、ロワレ県の小さな村モルマンの村長で、同時に主任司祭でもあったバルダンが「貧民を祝福することは永遠者[131]にとって最も心地よい祈りである」として、ミサを貧民へのパンの配給に変更した愛国的な行動を賛辞をもって引用した。

なるほど、グルヴェルとセリュッティは『村民便り』第二巻の冒頭に掲載された告知のなかで、これまで彼らが記事のなかで容認してきたカトリック批判を取り消したかに思われた。しかしこの否認自体がそもそも、彼らが尊重していると自称する宗教への一つの批判であった。「教皇教《パピスム》に対してちょっとした不寛容な態度をとり、信仰という不滅の木に対して気遣いが足りなかったという廉で、われわれは批判にさらされた。しかし、この不可侵の木をまじかでじっくり眺めてごらんなさい。そうすれば、一本の枝を叩くとその他の枝も揺れてしまうほど、どの枝にも狂信〔という蔦〕が絡みついているのがわかるだろう」。

『村民便り』はその反教権的宣伝を続行した。革新派司祭は啓蒙主義者と並んでそこに寄稿し続けた。たとえば、ランス近郊の村サシーの主任司祭ジェルゼは、ジルベール・ロムやラントナスと、アシェール（セーヌ・エ・マルヌ県）の司祭マチアスは、ジャングネとジャック・ボワローと、そしてのちに敬神博愛教徒として共に世を去ることになるボワシー・ラ・ベルトランの司祭フランソワ＝ニコラ・パレとアンピュイの司祭シオーヴは、フランソワ・ド・ヌフシャトーとシルリー夫人と、それぞれ組んでいた。司祭と啓蒙主義者は同じ論調で記事を書いていたのである。

『村民便り』は初年度から、この時代としては異例の一万五千人もの予約購読者を集めた。疑いないことだが、この新聞の長期にわたる巧妙なキャンペーンがなければ、ショーメットやフーシェの非キリスト教化運動は不可能だったにちがいない。

Ⅲ

反教権キャンペーン　『村民便り』はすぐれて哲学的な新聞だったが、コンドルセとラボーの『パリ時評』[132]紙、プリュドムの『パリの革命』[133]紙といったそのほかの有名政治紙もこれと共闘し、一七九〇年以降、多少の差はあれ聖職者市民法とキリスト教に対する批判を載せ始めた。ここにきて明らかに啓蒙主義者は大胆に歩みを進め、これまでのように少々偽善的とはいえ敬意を払うことが、彼らにとって徐々に我慢ならないものとなり始めていたのは明白だった。

アナカルシス・クローツと政教分離　一七九〇年の三月から、クローツはカトリシズムに遠慮しなくなった。『パリ時評』紙で、彼は「もし民衆に宗教が必要なら、それは自然宗教以外にはありえない」[134]と語り、かつてルソーやラボー・サンテティエンヌらが漠然と遠い未来に夢想しただけの自然宗教が到来する時がついにきたと信じた。司祭の結婚と離婚、司教の定数削減とその将来的な廃止を推進するだけでなく、彼は家父以外に司祭はいらないとまで口にする。彼の反教権的主張はいくつものパンフレットや新聞、ジャコバン派の演壇にまで鳴り響いた。単一の支配宗教に対する彼の不安は、ほどなくして国家の脱宗教化《ライシテ》という考えにまで昇華される。彼はジャコバン派にアメリカ人を見習うよう提案する。「アメリカでは主権の構成員は個々人好きな宗教を持つことができる。だがその一方で、政治体や主権者は宗教を持たないことをはっきり認めるだけの良識も彼らは持ち合わせている。宗教とは、神と自己の良心の間の関係であって、神と集団の意識の間の関係では決してないからである……」[135]。こうしてひとたび原理が立てられるや、クローツはそこからすべての結論を導き出そうとする。彼はいろいろな崇拝が人目に触れるかたちで公然と行われることをすべて禁じ、「祈禱所の壁のなかに礼拝活動を閉じ込め[136]」ようとした。もはや宗教は社会生活に絶対に必要なものではないと早々に看取したクローツは、すぐさま無神論に乗り換えて、公然とあらゆる宗教の土台の攻撃に着手した。一七九一年四月二十日、彼はキリスト教の論拠と土台に関するフォーシェとの公開討論に挑み、この機会に聖職者市民法の撤回と、彼が「占術師」と呼ぶ司祭に国家が給料を支払うことを停止するよう正式に要求した。

ジャック＝アンドレ・ネジョン　アナカルシス・クローツは、カミーユ・デムーランなどが彼のために新聞を提供するなど、この国家の脱宗教化キャンペーンのなかで決して孤立していたわけではなかった。無神論者ネジョンも下記のようなタイトルを持つ請願書のなかでクローツと同様の考察を展開している。

「言論の自由、出版の自由等々に関する国民議会への請願書[137]——以下の問題の哲学的検討。

一、人権宣言のなかで神や宗教一般について語るべきか？
二、その対象が何であれ言論の自由、および礼拝・出版の自由は、いかなる手段であれ、立法者によって合法的に制限を受けたり、妨げられたりできるのか？」

クローツに先んじて、ネジョンはこの請願のなかで国家と教会の完全な分離を要求した。彼は、自然法・市民政府・万民法・道徳のなかから神という名前を追放しようとし、司祭給与制の廃止を熱烈に支持した。

彼の請願書は、カトリック陣営がそれに応答した点で注目を集めた。信徒の一人はネジョンに罵詈雑言を浴びせ、どこまでも議会の支配的な一党派の代弁者にすぎないとまで言い切った。[138]

シルヴァン・マレシャルと家内礼拝　クローツやネジョンほどには過激な要求はしなかったが、無神論者シルヴァン・マレシャルの場合、聖職カースト制の廃止を要求した。[139] 先の二人が宗教思想そのものに闘いを挑んだのに対して、マレシャルは民衆が合理主義を受け入れるには時期尚早と判断して礼拝の存続を主張した。だがその礼拝は家内礼拝であり、そこでは問題はまったく生じないとされた。半分冗談を交えながらも、半分は真剣に彼は自分の理想とする〝司祭なき礼拝〟を描いている。これからは各集落の古老が司祭の役を務めることになるだろう。「尊敬を集める老人のひげが今後は司祭服の代わりとなる」。司祭＝家長が結婚や埋葬に立ち会い、「子供の誕生の証人となる」。「気候のよい時期は玄関の前に、冬の寒い時には暖かく快適な暖炉の前に腰をおろして」、彼はどの宗派の人たちにも簡潔だが心にしみる説教を口にする。「大地の初物を自然の神に捧げ」、男女の若者に交互に聖歌を歌わせる。そして一年に二度、この司祭＝家長は子供たちに対して聖体拝領を行う。すなわち、小麦の刈り取りが終わるとその花でできたお菓子を子供たちに配り、葡萄の収穫が終わると新しいワインを満たした巨大な聖体器のテーブルを一周させるのである。豊熟祈願の古い祭りが行われる四月一日に、「豊穣の神」の加護を祈りながら子供と一緒にその地域を練り歩くのも彼の役目である。毎年、万聖節〔十一月一日〕の古い祭りが行われる冬の到来の頃にも、彼は家族に栄誉をもたらした祖先を祈念して祝いを行う。また、クリスマスには子供の誕生を祝い、古来の聖金曜の日〔復活祭前の金曜日＝受難日〕には「病気や精神的苦痛などで」災いを抱えた家族に慰めを与える。男子が二十歳、女子が十五歳になったら、司祭＝家長は親族一同を前に堅信の秘跡を彼らに与える。「男子は帽子をとる……。そして司祭を務めるこの長老が次のように述べながら彼に自由の帽子をかぶせる。『私は君の両親と同胞の名において君を敬意をもって迎え入れる。自然は君をわれわれと同じ人間にした。われわれは君に人間の権利を認める。その代わり人間の義務もわれわれに約束したまえ』」――。

こうした想像力はわれわれがそう思いかねないほどには人々の笑いを誘うことはなく、クローツやネジョンらの論理と同じくらい効果的に、聖職者市民法を徐々に掘り崩していったのである。

司法官＝司祭　いくつかの手掛かりからボワシー・ダングラと推測されるある匿名者は、マレシャルが提案した家内礼拝よりも国家有神論のほうを好んだ。おそらく一七九〇年に出版され、『司法官＝司祭』[140]というタイトルからしてすでにその内容が予想される一冊の興味深いパンフレットのなかで、彼はその表現によれば「聖職団から司法官に至るまでの精神的権威と国家主権の結合による秩序の立て直し、および宗教の存続のための司祭の利益の犠牲」を提案した。言いかえれば、聖職者市民法はまだあまりに国家権力を教会に委ねすぎているとみており、この匿名の著者はキリスト教ではなく有神論の新たな国家宗教を創設しようとする。

キリスト教は反社会的であり、それは奴隷の宗教であり、専制支配の最も強固な支柱である。国民議会がローマ教会の司祭職に給料を払ったのは誤りだった。それはつまり、不寛容、支配欲、そして「神の操り人形」に給料を出したということだ。だからキリスト教は破壊、いや取り換えなければならない。無神論者の社会は存続可能だなどというのはまったくの出鱈目であって、ピエール・ベールがそう主張したのはどこまでも屁理屈[三五]である。誠実な無神論者など存在しない。なるほど、宗教が「迷信の洗練されたもの」以上のものでないのは確かだろう。また、「迷信自体が人間精神の本性に起因しているのも否定できない」ことも事実であろう。人間をそのあるがままに捉えなければならない。人間は元来迷信的であって一つの宗教が要るとすれば、その宗教は自由に害を及ぼすどころか少なくとも自由を促進するはずのものでなければならない。そして国民が直接管理するものでなければならない。司祭は今後、民衆が任命する交代可能で有期の司法官となり、彼らが完璧な有神論を授けることとなる。聖職者市民法に必要な修正を加える役目はのちに召集される立法議会に任されよう。だがそのためには、この議会が「宗教礼拝の精神的な部分に関する最高決定権を有する」と認められなければならない。この改革が行われるなら、宗教と法、教会と国家、彼岸と此岸の統一、かつて古代国家に幸福をもたらしたこの豊かな統一が回復されよう！

反教権パンフレット　こうした主張にまったく反応がなかったわけではない。その証拠に、反教権的パンフレットは常に増加の一途をたどったし[141]、そのうちのいくつかは多くの読者を獲得さえした。ボンヌヴィルの『宗教の精神』初版は、「革命期においてほとんど例を見ないほどの速さで[142]」飛ぶように売れた。『今回の革命と聖職者市民法におけるラブレーの権威について[143]』と題されたジャングネのパンフレットもこれまた好評を博した。

　時事的なさまざまな多くの文書のなかに司祭や修道士をやり込める昔の御伽草子《ファブリオ》[三六]の猥雑な熱気が再びお目見えすることになった。それらは、聖職者市民法や教会財産の没収、修道院の閉鎖を称賛するという口実で、実際には教会や宗教そのものを攻撃した。そうしたパンフレットのタイトルは転載するのも憚られるほどしばしば度を越して露骨なものだった[144]。

　こうした風刺文書の一つに『専制政治の葬送――貴族の葬式[145]』というタイトルを持つ文書がある。これは一七九〇年にすでに書かれていたものだが、異様で滑稽な葬列や反宗教的な仮装行列《マスカラード》の一つが、まるで三年後に街角で繰り広げられるそれ〔非キリスト教化運動〕のように描かれている。「黒い喪服を着た人々が一定の間隔で、槍の先に虎の皮、鳥の毛、羽飾り、祭服、聖務腕章、赤いローブ等々をくくりつけている……、これらはいずれも、かつての教会や貴族のお偉方、特に自ら祝福を授ける昔のパリ大司教にゆかりのものである……」。

ジャコバン派を悩ます反教権運動　ほどなく反教権運動は穏健な政治家たちが気をもむほどの盛り上がりを見せ始める。一七九一年一月九日、ジャコバン派は宣誓拒否僧の陰謀に用心するよう各地の連携する協会に一通の通達を出した[146]。それは聖職者市民法を積極的に擁護するものであり、この市民法に対する急進派啓蒙主義陣営からの攻撃を暗に非難するものであった。通達は、議会が「我等の父祖たちの信仰」を破壊するつもりでいるという、「意図的に」流布された噂に対して異議を唱えている。「なんと理不尽な誹謗なことか！」。こうして、啓蒙主義者は辛辣で巧妙なやり口で宣誓拒否僧の支援者・共犯者へと仕立てられた。

一七九一年六月十三日、カトリシズムへの忠誠をさらに示すために、ジャコバン派はその会合で「首都大司教座聖堂で聖体拝領を受けた若者」に敬意を表した。この一幕はあらかじめ準備されたもので、聖体拝領者の一人はこう演説した。「宗教の手〔教会〕から出てくるやすぐに、われわれの心を熱く燃え立たせる祖国愛の証をあなた方に示すためにやってきました……」。するとクラブを取り仕切る修道院長がこう答えた。「あなたは今しがた宗教に受け入れられました。今度は祖国があなたを受け入れる番です」[147]。

Ⅳ

聖職者市民法の補完物としての祖国の宗教　しかし、なおも宗教の擁護を公言しているとはいえ、ジャコバン派はすでにそれとはまた別の宗教といえる「祖国」を打ち出していた。

どの程度自覚的であったかはともかく、すぐさま彼らの頭に浮かんだのは、国民祭典や市民式典をすべて駆使して、いわば聖職者市民法を補完しようという考えであった。そうした儀式はとりわけ祖国愛を教えるうえで恰好の教育の場になると思われたからである。これ以降、彼らの考えでは、聖職者市民法はもはや過去のやむを得ぬ譲歩の産物にすぎなくなり、もろもろの国民祭典こそが未来の宗教への途を切り拓くものとなってゆくのである。

市民法の補完物ないしは調整役として市民礼拝を少しずつ組織しようとするこうした考えに、政治家たちが理論的な観点や抽象的な考察から思い至ったわけではない。いろいろな革命のシンボルや市民祭典は彼らの介入を待つことなく誕生した。介入どころか、むしろすでに連盟祭のなかでほぼ仕上がっていた革命礼拝の光景を目の当たりにして、政治家たちはそれを改善し、まとめあげ、要するに一つの政治的手段に作り変えようとしたにすぎないのである[148]。

聖職独身制廃止の支持者にして『村民便り』の聖職者らと同様の政治的急進派であった、ある愛国派主任司祭[149]は連盟祭の翌日からすでに、憲法を浸透させるために祖国愛の祭典を組織しようと企てた。いわく「いろいろな自由の祭りを寄せ集めれば、自由民にとっておそらくそれに優る道徳論はないだろう。ゲームや見世物を通じて良き習俗への愛や徳への熱意を人々に呼び醒ますことができよう。法律の厳格な文言は、たとえ人間の心に読み聞かせることはできても、その遵守を心底納得させるのは決して容易ではない。なぜなら法はひたすら犠牲を強要するが、実はこうした犠牲的行為を命じることができるのは、愛国的な情熱や栄誉を求める心だけだからである……[150]」。

思想は自らの道を切り拓く。ヴァレンヌ逃亡事件ののち、『村民便り』に寄稿したジルベール・ロムは、十分の一税の廃止を祝して自ら実施したかつての市民祭について語りながら、今度は祖国愛の祭典が拡大してゆくのを期待した。彼はキリスト教とは別に法の宗教の創設について語っている。「法は国の宗教である。それもまた執行する者、唱道する者、そして祭壇と学校を持たなければならない[151]」。同じ文書でロムは憲法の修正も要求し、共和主義的な言辞を連ねた。一七九一年六月二十日〔ヴァレンヌ事件〕は宗教の面でも政治の面でも、間違いなく急進思想が大きく前進した日であった。

ミラボーと国民祭典　徐々にこの運動のなかに、憲法そのものが巻き込まれていくことになる。一七九一年七月、『ミラボー兄の文書群から見つかった公教育論[152]』というタイトルで、「公共祭、市民祭、軍事祭」を扱った文書を含む、ミラボーの四本の未公開論文がカバニスによって刊行された。ここでは、先のロムや愛国的主任司祭のいまだ曖昧だった思想が明確化・一般化され、体系的な政治的観点へと変貌を遂げている。

ミラボーの主張の要点は、国民祭典はかつてギリシアやローマに存在したもののように、つまり祖国愛や道徳の薫陶の場になるだろうということであった。この祭典によって再び「司法官と聖職者」の統一が徐々に蘇り、市民のなかにある対立・不信・偏見が消え去るだろう。その目的は「もっぱら、自由の崇拝、法の崇拝でなければならない」。それゆえ「いかなる宗教的な仕掛けも」そこに加えるべきでない。「キリスト教はその厳格な威厳からして、わが国民祭典の世俗の見世物や唱歌、ダンス、ゲームに加わったり、そのお祭り騒ぎに加担することは許されない」。

腹の底では笑みを浮かべているに相違ないこうしたもっともらしい口実で、ミラボーは新しい宗教の自律性を擁護しようとする。おそらく彼は折を見てこの新たな宗教を古い宗教に対抗させ、将来的にはこれに取って代えようと考えていた。そうなれば「聖職団と司法官」の統一が古代のそれのように再建されることになるだろう。

続いて「ミラボーの構想では」、毎年どんな小さな山村でも、夏至と冬至、春分と秋分を祝う四回の市民祭が行われねばならない。一、憲法の祭り。これはフランスの市町村が国民議会を形成した日を記念している。二、結合の祭り、ないし身分制廃止の祭り。三、人権宣言の祭り。

四、武装の祭り、ないし武器奪取の祭り。これは「自由のゆりかごを守るために国民衛兵をすぐさま組織した、称賛に値する一致団結とその英雄的気概を記念するものである」。これはこの四つの市民祭に、四つの軍事祭典が続く。一、革命の祭り。二、団結の祭り。これは「一七八九年の夏の戦列部隊の働きを記念するものである。当時、自由を求める声が祖国のもとへ部隊を結集させた」。三、再生の祭り。四、軍隊の宣誓の祭り。その「目的は、軍隊は国家と独特な関係にあるのだということを軍隊に知らしめ、彼らの義務を目に見える形で再確認させることにある」。

最後に、毎年七月十四日には大規模な国民祭典、連盟祭ないしは宣誓の祭りが挙行される。この日には全国の各ディストリクトはすべて士官、下士官、兵卒のなかから無差別に選んだ代表者一人をパリに送り込む。

ミラボーはあらかじめこれら国民祭典のプログラムの中身も考えていた。市民祭では「祖国に献身した人、あるいはその才能から祖国の名誉となった人への追悼の辞[153]」がまず読み上げられる。そして「各アカデミーの褒賞はもちろん中等学校での賞まで含め、あらゆる公的な褒美[154]」がそこで授与される。さらに舞台上では演劇が催され[155]、別のところでは絵画、彫刻、工芸をはじめ、ジャンルを問わずあらゆる技芸の新しい傑作がすべて展示される[156]。

今一度念を押しておくと、これは頭でっかちの机上の夢想、空想上の想像の産物ではなく、すぐにでも実行に移そうとしている政治家の、すでに既定路線となった考えなのである。先ほどの愛国派の主任司祭たちと同様、ミラボーはたしかに連盟祭やそれに続く数々の祭りを手本としていた[157]。

だが彼が残した仕事もまた革命礼拝の形成にとって重要な役割を果たした。これにより、いままで漠然としていた考えに形が与えられ、彼の偉大な名声のおかげで権威を帯びることになったからである。そのあとに続く市民礼拝の多くの計画は彼の計画の模倣であって、何か本質的な新しさが加わることはない。革命宗教はカトリシズムから切り離されるべきだとはっきり口にした最初の人物こそ、実はミラボーであった。彼のこうした忠告は埋もれることなく受け継がれてゆくことになる。

タレイラン　憲法制定議会の末期に公教育委員会の名で提出された大部の報告書のなかで、タレイランはすでに友人ミラボーの計画を参照していた[158]。タレイランの考えでは、国民祭典は公教育の一部であり、成人にとっての教育の場である。ミラボー同様、彼もまた国民祭典がフランス人に「自由な古代民族のほぼ唯一の道徳といえる祖国愛」を養ってくれるものと期待を寄せた。さらにこれまたミラボーと同じく、宗教は「歓喜」を示す国民祭典においては場違いだろうと判断し、宗教をそこから追い出したが、「苦難」を記念する祭典には宗教が参加する余地を残した。彼はミラボーに逐一追従したわけではなく、複数の節季の祭りを七月十四日と八月四日の二つの祭典に統廃合したり、「自由の崇拝」から完全にはカトリシズムを切り離さなかったのも彼だった。ただこうしたこと以上にやはり重要なのは、タレイランの計画が実践面で再び古い宗教に新しい宗教を対抗させようとした点にある。

まとめ　憲法制定議会にはタレイランの報告について議論する時間が物理的になかった。だが議会は解散する前に、投票によって国民祭典の創設を原則として決定しようとした。ジャック・トゥーレの提案に基づき、憲法制定議会はこの憲法付帯条項を満場一致で承認した。「フランス革命の記憶を保持し、市民同士の友愛を維持し、そして祖国とその法へと彼らを結びつけるために、国民祭典が制定されること」[159]。

おそらくそれに賛成した大半の人々は気づかなかっただろうが、革命礼拝はこの条項のなかですでに芽生えていたといっても過言ではないのである。

第二章　立法議会期の反教権運動

Ⅰ

一七九一年十月―十二月　立法議会は、その最初の審議から宗教問題を扱わざるをえなかった。聖職者市民法をめぐってフランス全土、特に地方ですでにかなり深刻な問題が起こっていたからである。[160] 立憲司祭がどうにか勢力を保っていたのはほぼ都市部だけだったが、そこですら彼らは宣誓拒否僧を支持する人々から痛い目にあわされた。[161] 市町村当局はこの法の厳格な運用を命じられたが、その多くは公然とは宣誓拒否僧を厚遇しないまでも、彼らに対する法の適用には手加減を加えたのである。立憲司祭の最良の支持者であったジャコバン派は、我慢の限界にきたとみえて、自分たちが選んだばかりの議会に対して、反乱僧に対処する新たな武器を要求した。ここにきて聖職者市民法ははやくもその目的を見失ったことが表面化した。それは新たな政治制度を固めるどころか、むしろそれを掘り崩し、その崩壊への道を準備したからである。思いもよらない危機とその対処法をめぐり、愛国派は分裂した。立憲司祭と固く結びついていた人々は市民法の放棄に難色を示した。この宗教的混乱は表面的なものであって、混乱の張本人である宣誓拒否僧を一喝すれば事態は終息するだろうと考えていた彼らは、一連の強制手段に打って出ることを主張した。その一方、彼らよりも洞察力に富み、ないしは立憲司祭の立場とは距離を置く別のグループは、新たな公認教会の強化・強制のために物理的手段や暴力に訴えることに不快感を示した。彼らは、人権宣言に記されている信教の自由を尊重する立場から、宣誓拒否僧対策として提案された特例措置をやり玉に挙げ、実践面でも立憲司祭と同じ場所で宣誓拒否僧も礼拝できるよう要請した。これは言いかえれば、政治的精神とリベラルな良心から、彼らは世俗《ライック》国家の考えに向かって踏みだした、つまりそれまでなんら影響力のないアウトロー的な、ごく少数の思弁家だけが説いてきた、教会と国家の分離という考えに彼らは進んでいったのである。

宣誓拒否僧の隠れ支持者たちは、来るべき迫害から教会を守る算段をこの分離原則のうちに看て取った。そのため、ほどなくして彼らが純然たる〝啓蒙主義グループ〟に合流して分離主義の一派に加わることで、この党派はさらに急激に膨れ上がっていったのである。

ゴドフロワ　立法議会が招集される前に、すでに「数学教師」のゴドフロワという男が、緻密な論理的著作のなかで聖職者市民法の「全面撤廃」を訴えていた。[162] 彼の主張の要点はこうだ。どの宗教も本質的には良心の問題であるから、国家は宗教を公序良俗の観点からしか扱ってはならない。宗教問題に関する国家の権限はせいぜい治安上の法規を定めることぐらいである。ところで多くのフランス人はほとんど聖職者に厄介になることはないのに、彼らを養うために税を払わなければならない。非公認の司祭に世話になるフランス人はなおも無視できない数にのぼるが、彼らもまた半強制的に敵の宗教〔公認宗教〕の礼拝費用を負担させられている。「判事のような公務員の扶養が全市民の負担になるとしても、このことに文句をいう資格のある人は誰もいない。なぜなら、もし誰かが公務員を養うための納税の不満を正当化するために、〔判事の仕事をなくすために〕私は決して誰にもどんな訴訟も起こさないと宣言したところで、別の連中が理由もなしにあなたに対して訴訟を起こさないとも限らないではないかという当然の反論が返ってくるだろうからである……。しかし、国から給料をもらっている司祭の宗教に属してもいない人々に同じ理由は通じないはずだ……」。さらに道徳上の利点を引き合いに出し、それで聖職者市民法を救おうなどとすべきでもない。「市民に良き習俗を与え、彼らの振る舞いを統御するために立憲司祭が必要だというのか？　だがそうであるなら、良き習俗は立憲司祭の教えを受けた市民のなかにしかなく、その他の宗派の司祭の道徳が生み出すのはひたすら頽廃だけなのだから、健全な哲学は不寛容を要求するという話にならざるをえない」。ゴドフロワの結論はこうだ。司祭を必要とする人が彼らに給料を払うべし。「初期の教会の司祭もこうして身を立ててきた。聖ペテロも聖パウロも、そして彼らの弟子も、権力者から年金など受けていなかった」。彼によれば、こうした解決策が求められるのは、単に論理や原則といった点からではない。健全な政治のためにこそこの問題を解決する必要があるのだ。「王国を困らせている不幸な分裂、外国から侵略されれば政体全体が危機に陥りかねないほどのこの不幸な分裂の主な原因の一つがこれで一掃されよう……」。

ある匿名者　おそらくゴドフロワはこれほど自分が予言めいたことをいっているとは思っていなかった。立法議会議員の一人と思われるある匿名者の場合、この国家と宗教の分離問題はゴドフロワに劣らぬ良識と、それ以上の深い洞察力でもって扱われている[163]。

彼は次のような原則を立てた。「市民政府、とりわけフランスに設立されているような政府は、自然学や天文学の影響を受けてはならないのと同様、宗教とかかわりあってはならない」。聖職者市民法は廃止しなければならない、なぜなら単一の支配的宗教の存在は必ず複数の被支配的宗教を前提とするからである。「政府は司祭に頼らずに市民の状態を実地で確認すべし、出生・結婚・死亡は司祭とは別の人たちが検分すべし！……」。国家の完全な世俗化《ライシザシオン》は単に原理のうえからだけでなく、政治的状況からも求められている。「この議論について今日、世論に訴えている二つの党派のうち、まず一方の立憲司祭のグループは、彼らが行っている支配と迫害に世間が手を貸すよう要求している。他方、本来の役割を奪われた宣誓拒否僧のグループはせめて迫害はしないよう求めている」。国家が礼拝を保護しないと、そのせいで不信仰が蔓延してしまうなどという意見は反論にも値しない。無神論などという主張は恐れるにたらず、しかもその考えは確かに不条理だが少なくとも狂信は排除してくれるのだ——。

アンドレ・シェニエ　まれにみる無神論者にして、宗教と国家の峻別を熱烈に支持する連中のなかでも筆頭のアンドレ・シェニエは、『モニトゥール』に寄稿した注目すべき論文[164]でこの分離を強く説き、世間が宣誓拒否僧に向ける厳しい態度を戒めている。「……自分の好む宗教に帰依したり、それを創始する完全な自由を国民議会が各個人に保障するとき、われわれはこうした人々（司祭）の影響からはじめて自由になることができる。そうなれば、各人は自分が帰依したい宗派に金は出すが、それ以外の宗派には出さず、裁判所も党派にかかわりなく迫害者や反乱者を厳しく罰することができよう。フランス人民は全員がこうした高説を理解できるほどまだ十分には成熟しているわけではないなどと、もし国民議会の議員がなおも食い下がる場合にはこう答えればよろしい。なるほどそうかもしれません、でもわれわれを成熟させるか否かは、なんといっても諸君自身の行動、発言、そして法に懸かっているのですよ、と」。結論としてシェニエもまた、司祭から戸籍台帳を取り上げるよう求めた。

II

立法議会での司祭に関する議論　アンドレ・シェニエがこの論文を執筆していたちょうど同じ頃、立法議会では宣誓拒否僧に対する終わりの見えない波乱の審議が幕を開けた。法の厳格な適用を求める者と礼拝の自由を求める者たちが、ひと月以上にわたる激しい応酬のなかで持論をぶつけあった。[165]

結局、折衷的な解決を模索していたジロンド派によって、体裁だけでも両陣営が納得できるような内容が一七九一年十二月二十九日の政令[166]で示された。以前からジロンド派は、強制措置に訴えてでも礼拝の自由の原則を守りたいなら、宣誓拒否僧に対して聖職者市民法の従来の宣誓の代わりに、簡素な公民宣誓を呑んでもらうしかないと考えていた。もし拒否僧がこの新しい宣誓まで拒むようなら、もはや司祭としてでなく、悪しき市民として処罰しなければならない。かつてルソーは『社会契約論』で、社会はその基本法を受け入れない成員をその仲間から締め出す権利があると論じてはいなかったか？[三七] 社会契約も拒むなら、拒否僧は共通の法の外部に自ら出て行ってもらうしかない。法を認めようとしない者はおしなべて、「その法によってのみ保障される権利を自ら放棄する」[167]ことになるからである。

こうした方便を使い、ジロンド派は力づくで賛同者たちに動議を提出させた。公民宣誓を行わない拒否僧には「法への反逆、祖国への悪意の嫌疑がかかる」（第六項）こととなり、そうなればこれまでの給与や年金ははく奪され、教会の使用も禁じられる（第十二項）。そして居住地から引き離されて（第七項）、県庁所在地で拘禁される（第八項）などの罰が待ちうけることになる。

大局的にみれば、国家からの礼拝の自由を求めるグループの負けであった。事実上、聖職者市民法は国家の法であり続けたし、国は公認宗派に有利なように警察や裁判所を動かしたからである。確かにこれで事たれりとするのは、まるで迫害命令の前文に礼拝の自由の原理宣言を書き入れるにも等しい、人を馬鹿にした話[三八]だった。だがもう少し仔細にみれば、長々とこの論争を読み返すまでもなく気づくのは、聖職者市民法がその影響力を弱めたとか、致命傷を負ったとか以上に、実はこの争いからとり残されていったということである。

　市民法の賛成派も反対派もこぞって弾劾したのが、憲法制定議会の宗教政策であった。どちらの陣営も、司祭に対する同様の軽蔑、心の奥底にある不信仰を感じており、仮に違いがあるとしてもタイミングに関わる問題に対してであって、原理的な点ではなかった。確かに、時計の針は捲き戻せる〔市民法を白紙に戻せる〕と考えた反対派に対し、賛成派はその後退が革命にとって致命的になるのを恐れた。しかし両派とも一致して、革命が聖職者市民法の段階で収束するはずはないと確信していた。すでに複数の人間がこの法に代わる市民礼拝を予見していたし、宣誓拒否僧に強硬手段の適用を求めた発言者たちが公共サービスの段階的な世俗化《ライシザシオン》を最初に要求した人々だったというのは注目に値する。彼らはまた、この混乱の真の根本原因が無知と狂信にあると告発し、その有効な対処法として公教育の組織化および、拒否僧の――一部の人々がいうには〔拒否僧だけでなく〕司祭すべての――威厳から民衆を切り離すための市民的啓発の組織化を最初に提唱した人々でもあった。

　ナント出身のモヌロンは、秩序を揺るがす司祭を厳罰に処すことを要求し、流刑も辞さない構えだった。彼はいう。「ところで大国の立法者にとって、秩序の乱れを終わらせるだけでは十分ではなく、その温床を根こそぎにしなければならない。真理をないがしろにして嘘がまかり通る根本的な原因こそ民衆の無知にあり、これこそ一掃しなければならない……。盲目的な偶像崇拝の威光をすぐに挫き、公教育に関する見事な報告書でタレイラン氏が提案した小学校を早急に設置していただきたい。それができるまで、私は民衆の真の利益について彼ら自身を啓発する道徳的・政治的教理問答書《カテキスム》をできるだけ早く作成し、全国のすべての県に配布するつもりである……[168]」。

彼に応答したバエルトは、極めて強力な論拠をひっさげて最終措置〔流刑〕に反対し、彼の議論は喝采を受けた。「私にはどこに中道があるのかわからない。良心の自由を残すか、あるいは迫害を許すか。また、司祭であることは忘れてどこまでも彼らを法律上の単なる市民として扱うのか、あるいはドン・ジェルルの動議を再び呼び出して、一つの支配的宗教、つまり迫害宗教を宣言するか。……司祭の支配には用心しよう。成熟した時代に到達したのに再び幼年時代に転落するようなまねや、こうした司祭の破廉恥な論争に何か価値を見出して諍いを長引かせるのはやめにしよう。こういう論争はそれが当然にも呼び起こす軽蔑の念が漂い始めるや、そんな価値などすぐ吹き飛んでしまうだろう[169]」。立憲司教の席に座り、しかも議員も兼ねる人で、こうした発言に正面切って異議を唱える者は誰もいなかった。彼らのうちでこの挑発に応戦しようとしたり、あるいは承認してもらえると確信して、ドン・ジェルルの動議をもう一度提案しようとする者は皆無だった。

イレールがバエルトのさらに上を行って、次のような内容を政令として布告せよと提案した時も、立憲司教は力なく諦めきって同様の沈黙を保ち続けた。「まず市民のどんな責務も職務も、聖職とは両立しがたきこと。次に聖職者の職業である神学研究を除いて、公教育は一切を世俗の人間に託すべきこと。最後に結婚、洗礼、埋葬の行いは、役人一人と証人二人が立ち会いのもと、役場の書記係の前で記録されるのが望ましいこと」。これまでもイレールは自説を公にして聖職制度を正面から攻撃してきた。「あまりに長い間、聖職団は、どういうものであれ、聖職の役割を果たすだけでは飽きたらず、いつも世俗の職務にまで干渉してきたことをわれわれは皆経験から知っている……」。彼によれば、司祭の影響は「常に危険で、彼らの見解は疑わしい」。「司祭は、自らを人間を超えた存在だと当たり前のように信じきっているため、人間たちを支配したがる。この一事を見るだけでも彼らは自分たちが普通の人間よりも優れた存在なのだと信じており、こうした見解とは異なる意見はすべて彼らが神に由来すると称している霊感が誤って理解された結果にすぎないというのである」[170]。もちろんドルドーニュ県ペリグーの司教ポンタールは、この弁士が秩序と憲法の正しい原理・原則に立ち戻るよう議会に要求したが、議会はさっさと通常の議事日程に戻っていった。

その後数日にわたって同様の反教権的見解が審議され、ユゲ[171]は次のような信仰告白を行った。「良き政府にとって、宗教とはまさに社会的な徳の行使にほかならない。その徳を表明する個人にとっては、宗教とは彼の意見である。彼の寺院は心のなかにあり、信仰は自分の先入観、そして自由がその司祭である[172]」。

デュコは国家の完全な世俗化《ライシテ》を求めた。「国家にかかわることから、宗教にかかわることとすべてを分けよ。宗教的な見解の表明も、区別なくその他多くの見解と同じものとみなせ。宗教的な会合も、その他の市民集会と同列に置くべし。たとえば各民衆協会が彼らのなかから代表や幹事を自由に選べるように、どんな宗派も司教〔キリスト教〕やイマーム〔イスラム教〕を、牧師〔プロテスタント〕やラビ〔ユダヤ教〕を自由に選べるようにせよ。法はいつも市民のためにあるのであって、決して特定の宗教の信徒のためではない。最後に、市民的・政治的な生活は、絶対に宗教的な生活から一線を画さなければならない[173]」。

ルキニオはどの宗派も本質的には価値は同じであると主張し、いずれの宗派にも味方しなかったように見える。彼は過去の記憶に訴えかける。「どんな宗教においても、大衆はいつも無知の犠牲であった。これまで多くの血が流され、無理解が元で何百万という人間が互いに引き裂かれてきた[174]」。彼の発言はかなりきわどかったとみえて、非難の野次で遮られた。なるほど、国民の前では議員たちは反教権運動に賛同するような素振りをいまだ見せようとはしなかった。だが、その打算的な留保にもかかわらず、彼らは徐々に自らの真意を浸透させてゆくことになる。

二日後、ラモンは力強い演説のなかで「哲学の名のもとに」聖職者市民法を批判した。「哲学者《フィロゾーフ》」弁士らの論理に対して、司教・司祭の議員は返す言葉を持ち合わせていなかった。そのうちの一人、オードランは議会で宗教を議論することを止めるよう、そして「宣誓司祭が大革命に奉仕した成果を認めてくれるよう[175]」議会に求めるのが精一杯だった。ルーアン大司教の最近の辞任を知らせる文書を片手に、彼はその他の宣誓司祭の辞任もちらつかせながら、愛国派陣営をけん制した。もしこの辞任の動きが拡大するなら、革命は一体どうなるか？　要するに、彼は聖職者市民法を守るために情状酌量を求めているようだった。自分に有利なように政治的理由を引き合いに出しつつも、彼は決して論敵の立論に正面からぶつかっていくことはしなかった。

　喧嘩っ早いフォーシェは何度も登壇したが、彼もまた同じだった。「好んで愛国者の血にまみれ[176]」、「法の体系を転覆させようとする」宣誓拒否僧に対して、彼は激しい個人攻撃を仕掛け、彼らの年金の停止を要求した。だが国家の世俗化《ライシテ》を求める人々に対しては、彼もまた応答しようとしなかった。

　トゥルネ、ベルトランなど、そこで演説した他の立憲司教も、同僚フォーシェの不寛容な言葉遣いを大方たしなめはするが、このデリケートな問題に関しては彼と同じく沈黙を守った。オードラン同様、おそらく彼らもまたこの論争から宗教が得るものはなにもないと判断していた。ただ一方、ジャンソネは、彼らからの反撃を招くこともなく、国中を混乱に巻き込んで革命を危機に陥れた廉で聖職者市民法を告発することができた。「市民の秩序にまつわるすべてのものを宗教から切り離そう。そうすれば、国が給料を出している司祭らは完全に宗教的な仕事に専念できるし、住民台帳・教育・診療の負担や、悩める人類に対して国が定める支援の受託者の役回りをこれ以上引き受けなくてもよくなるだろう。また、まったく役に立たない在俗司祭の宗教団体、および多くの愛徳会修道女会を解体できよう。この会の修道女たちは病を治すというよりも、狂信という毒を撒き散らすことに熱中しているからである。以上、司祭がもはや公務員でなくなれば、聖職者の宣誓に関する法律は緩和されるだろう……」[177]。ここでいわれているのは、なにか長期的な展望や、あるいは単なるこけおどしではない。実際、ジャンソネは「出産・死亡・結婚を民法上確認する方法」に関する法案、および最後まで残っている宗教組織の廃止に関するまた別の法案をできるだけ早く提出するよう立法委員会に政令で命じることを提案した。しまいには、「聖職者の民事組織を母体とする団体が作った法律の検討と修正」のために、彼は十二人のメンバーから成る委員会の招集を要求するところまでいった。

こうしたジャンソネの目論見に議会は興味を示し、その政令案を印刷することを命じた。そして一週間以内に報告書をまとめて議会に提出するよう立法委員会に一任した。

十一月十四日、委員会はいわれたとおりに報告書を仕上げた。委員会が提出した政令案は世俗化《ライシテ》支持者の要求を重視し、その第三条は次のようになった。「出産・結婚・埋葬の行為に関する証明方法を管轄する法律がすぐに定められること」。だがそこで述べられている宣誓拒否僧に対する措置は手ぬるいということで、この案はまったく受けが悪かった。イスナールはその見事な演説の一つで、また新たな措置を提案した。おそらく彼のこの即興的な発言のなかにこそ、この議論の核心がある。というのも、それが哲学派《フィロゾーフ》議員の下心をたびたび垣間見せただけでなく、事態の進展に決定的な影響力を持ったからである。

十一月十四日のイスナールの発言　イスナールは、彼が宣誓拒否僧に対して必要不可欠と判断した特例措置〔流刑〕を正当化するために、問題設定を新たな領域に移動させた。この時まで、論争は、国家からの礼拝の自由を求める陣営が引き合いに出す次のようなジレンマに完全に陥っていた。いわく「司祭は狂信者にすぎないのか、それとも秩序の撹乱者なのか？　もし狂信者なら、法で彼らを捕まえることはできない。なぜなら礼拝の自由は認められているから。もし撹乱者なら、全市民共通の法が彼らにも適用されなければならない」。

この板挟みを乗り越えるために、イスナールは、司祭はそれが帯びる特徴自体からしてすでに普通法の外部におり、そのため通常の法によって裁くことはできないと主張した。むしろ彼は社会に対する司祭の影響を告発する。「かつてモンテスキューはこういった。司祭は人間をゆりかごから取り上げて墓場まで連れてゆく。だから彼らが強大な権能を握っていてなにも不思議はない」。反抗的司祭に対して、とるべき手段は一つしかない。国外追放だ。演壇と議場の一部からの拍手喝采に応じて彼は叫ぶ。「こうしたペスト患者はローマやイタリアの隔離施設に放り込むべきだといいたい」。司祭に教説・ミサ・告解を絶対に続けさせてはならない。まるで大きな喝采に酔いしれたかのようにイスナールは反抗的司祭のみならず、司祭全体に対しても軽蔑を露骨に示す。「司祭の邪悪さは中途半端なものではない。司祭が誠実さを失うと、人間のなかで最悪の犯罪者となるからだ」。喝采に拍車がかかる。議会はつまらない気の咎めから審議を止めることなきよう、そして良心の尊重などここで語ることなきよう！　宣誓拒否僧が「宗教の運命に涙するのは、どこまでも自分たちの特権を取り戻すためにすぎない」。ここで改めてイスナールがますます激しくなる言葉づかいで司祭に対する軽蔑をあらわにすると、再び会場の歓呼がこれに続いた。「誰しも知っていることだが、司祭は概して執念深く残忍、そして迷信以外の武器を知らず、神秘的な告解室を主戦場にしてきたので本当の戦場では役立たずである。ローマからの怒号は自由の盾の前に消え去るべし……。それを乗り越えてゆこう……」。イスナールははっきりとはいわないが、聖職者市民法が必ずしも革命の終着点ではないことを言外に匂わせる。彼によれば、革命はまだ終わっていない。「否である。フランス革命を最後まで完遂させなければならない。挑発するわけではないが、勇気をもってその結末まで歩みを進めなければならないのだ。諸君が遅れをとれば、それだけ勝利は辛く厳しいものとなり、血にまみれるだろう……」。この結末とはいったい何なのか？

イスナールは説明していない。だがカトリック陣営は彼らなりにそれを理解した。『モニトゥール』は議会の一部で不満の声が上がった旨を伝えている。妨害や野次に直面したイスナールではあったが、その燃えるような弁舌は黙り込んでいた愛国者に向かって行動と気力を呼び醒ますよう力説した。宣誓拒否僧をうち負かせ、そのために非常手段を用いよ。「身体の残りの部分を救うには、壊死した箇所を切除しなければならない」。さもないと「愛国者、すなわち国民全体の六分の五にあたる党派と通じる立憲司祭の党派も、自分たちが見捨てられることになれば憤慨しかねないだろう。彼ら〔立憲司祭〕が、諸君〔愛国者〕の敵〔宣誓拒否僧〕との争いにうんざりするようなことになれば、諸君の敵になってしまうかもしれない……」。まるで近い将来、こうした事態が現実のものとなり、立憲司祭が革命を放棄してそれに背を向けることを予見するかのように、イスナールは叫んだ。「たぶんこれから起こる攻撃に抵抗しようとするなら、残りの国民は一丸となって立法院を支えなければならない。諸君〔愛国者〕が信頼を得ることができるとすれば、それは公共の安寧の撹乱者と反逆者をすべて厳罰に処することによってでしかありえないからである。私は今、反逆者すべてといったが、それは私がどの党派にも属さず、誰とでも戦う覚悟を決めているがゆえである。わが神は法以外にありえず。公共の福祉、これこそ私が情熱を燃やすもの[178]」。

　司祭に対する過激な攻撃と実力行使への訴え、そしてイスナールが単に政治的な理由から熱心に擁護しただけで、すでにその祖国愛をほとんど信用していなかった立憲司祭に対する無言の圧力と、極めつけの無信仰告白[179]！　これらすべてが物語っているのは、この時にすでに革命と、粛正を受けたとはいえ旧宗教との間の鋭い断絶が多くの愛国派幹部の心のなかで醸成されていたということである。確かに彼らはまだ自らの考えを声高に叫ばず、奥歯にものが挟まった物言いではある。しかし、そのうわべの自重はどこまでも一時的なものであり、ケリをつける時がまじかに迫っているのは明らかだった。

　これまで立憲司祭は、宗教を攻撃対象とした間接的な批判については見て見ぬふりをしてきたが、今度ばかりは見過ごせなかったようだ。イスナールの演説と多数の議員が出した演説の印刷要請を歓迎する熱烈な喝采の声は、事態がかなり深刻の度を増していることを彼らに告げたようにみえる。〔フィニステールの立憲司教〕ル・コズは、「大きな不満の声」のまっただ中を「市民であると同時に司祭として」発言を求めた。「司祭はないぞ！」と方々から声が飛ぶが、ル・コズは言葉を継いだ。「イスナール氏の主張を印刷に回すことは、無神論の法典の印刷を求めるようなものだと私はいいたい」。不満の声はさらにヒートアップする。野次のひどさたるや、発言を数分間中断しなければならないほどだった。議長の努力でどうにか彼は話を続けた。「……私が譲れないと考える明白な点は、イスナール氏の主張は宗教的・社会的な道徳をすべて破壊する恐れがあるということだ。永遠・不変の道徳なき社会は存続しえない……」。この発言に嵐のような怒号が轟いた。嘲笑と非難がいっそう激しさを増し、ル・コズに対する懲罰の動議が要求された。失望から彼らの説得を断念したル・コズはついに演壇を降りた。

確かに議会は落ち着きをとり戻すと、イスナールの印刷の件は、できの悪い二回の試し刷りののちに結局却下された。だが打撃は確実に与えた。これまでの態度を通じて議会は、この弁士〔イスナール〕の見解が議会の多数派に共有されたことをはっきり示したからである。さらに議会はこの態度を一層明確にするために、ほとんど彼の主張に沿うかたちの新たな政令案を提出するよう立法委員会に要請した。

こうしたいろいろな審議を経るうちに、それが刺激となって一群の政治批評家たちが反教権キャンペーンを開始するのも当然といえば当然であった。

フランソワ・ド・ヌフシャトーの案　十一月十六日、立法委員会の関係部門の報告者フランソワ・ド・ヌフシャトーが政令案を朗読しにやってきたが、その内容はイスナールやその支持者を大変満足させるものであった。公民宣誓も行わない宣誓拒否僧は給与がはく奪され、監視下に置かれる、場合によっては県会の命令によって住居の移動が命じられる、等々。さらに重要なことは、この案の第十五項が聖職者市民法の見直しを求めている点である。

「一七九〇年十一月十二日、二十四日、二十七日の憲法制定議会の政令は継続運用されるが、憲法の実現のために今日修正が必要である。」

「(一)、憲法令第二章第五項に記載の公民宣誓の方式は政令が定める暫定的宣誓に代えられる。(二)、聖職者市民法という名称はこの法の真の性格を表しておらず、またもはや存在しない同業団体を想起する恐れがある。[180] よってその名称は廃止し、今後は、フランス・カトリック教の民事関係と外的規制に関する法律に改める。(三)、司教、主任司祭、助任司祭の身分はもはや公務員ではなく、国が給与を与えるカトリック教の祭司となる」。

聖職者市民法の見直しがこうした単なる言葉の変更に留まらないことは十分に予想された。宣誓拒否僧のプロパガンダに対抗するために、第十六項と最終項が以下のような世俗的プロパガンダを組織するよう定めている点からしても、もっと根本的な別の改革に向けたルートが開かれていたからである。「民衆に仕掛けられる陰謀に対しては、組織的なキャンペーンで民衆を啓発することが重要である……、よって議会は、この件について議会に提示される優れた作品は公共の利益をもたらすものと考えなければならない。議会はそうした書籍に関する報告に沿って、国費でもってこれらの良書を刊行・配布し、その著者に謝礼を払わなければならない」。

しかし国家がこのように民衆教育に乗り出すとしても、一体どこまで行うのか？ 世俗のプロパガンダなら、必然的に「哲学者《フィロゾーフ》」作家の仕事となるだろう。だが果たして彼らは最後まで公認宗教〔立憲教会〕を支持する態度をとり続けるだろうか？ 教皇教〔ローマ教会〕への彼らの攻撃はまわりまわって宗教自体を貶めることにならないだろうか？

いずれにしても、ヌフシャトー案の最後の二つの条項は重大な影響をはらんでいた。

当初、議会はこの影響の重大さに気づいていなかった。議会は満場の拍手喝采でヌフシャトーを迎え入れ、ヴェルニヨの提案で彼の動議に優先権が与えられると、その場で複数の条項が採択された。

だが翌日、時に議事妨害ともとれるほどの激しい反対によって、政令は危うく否決されかける。その光景は検討に値するもので、なんと立憲司教のトルネが宣誓拒否僧を遠回しに弁護し、彼らの給与と年金の廃止にはっきりと反対したのである。これに先立つ数日の間に行われた哲学派の演説のせいで、立憲司祭の立場が宣誓拒否僧のそれと実は繋がっており、後者に対する締めつけは自分たちに対するその前触れではないかと、漠然とこの司教が疑念を抱いたということなのか？

逆に哲学派議員《フィロゾーフ》らはヌフシャトーの案ではまだあまりに生ぬるいと感じていた。デュエムとアルビットの支持を取りつけたイスナールは、宣誓拒否僧を国外追放にする案を再び提起した。だがそれは行き過ぎだとして議会は拒否した。

聖職者市民法の修正条項が議論になると、哲学派議員《フィロゾーフ》の間でもある種のためらいがみられた。そのうちの一人であるアルビットは、時機の悪さを理由に従来の聖職者市民法をこのまま維持することに賛同した。「立憲司祭をその論敵の矢面に立たせるべきではない……。私は哲学の愛好者だが、状況に応じた慎重な使い方をすべきだと考える……」[181]。

アルビットの次に登壇した司教のラムーレットも、立憲教会の立場を熱心に弁護した。愛国司祭からその公共的性格をはく奪することは、彼らの宗教に従ってきた「大多数の」市民の不興を買い、革命に傷がつくことになるだろう。立憲司祭を貶めて得をするのは宣誓拒否僧だけだとして、彼は〔国家から宗教を〕完全に切り離すことの政治的な不都合を巧みに、そして力強く指摘した。「法の番人〔国家〕と聖職団〔宗教〕を分離させるこの大仰な法令によって、〔在野になった〕司祭が同業団体として結集し、はく奪された公的性格の代用品をその団結のなかに求めるような風潮を自ら生み出しかねないことに、どうして諸君は気づかないのか？」。言いかえれば、この分離は結局、聖職者のなかに強固な団結を生むだけである。議会の哲学派議員《フィロゾーフ》は諦めて立憲教会の立場を受け入れるべきであり、実をいえば彼らこそ自由を口実に宗教そのものの破壊を狙っているのだ。こうしてラムーレットは攻勢に転じると、この政令案を起草した連中の下心を告発した。「こういってよければ、諸君の提案は、もっと先の時代だったら効果が期待できそうなある深遠な〔哲学〕体系に発している。それが大国でも通用するのか、あるいはフランス革命の完成した姿といえるようなこうした体系に順応するほど民衆が成熟しているのか私にはわからない。だがはっきりしているのは、社会組織の土台をすべて内包している宗教体系を破壊できるなどと考えるのは誤りだということだ……」。哲学派議員《フィロゾーフ》よ、用心されたい。宗教と憲法の間に民衆を立たせれば、彼らがどちらを選択するかは自明である！　そもそも憲法自体、「人々が福音書と呼ぶ偉大で不滅の書に」直接由来するのではなかったか？　立憲司祭は憲法への愛を常に民衆に説いてきた。でも「もし諸君がこれまで十分にその任を果たしてきた資格を彼らから奪うなら、短銃よりもはるかに強力なこの武器を取り上げるのなら、諸君は公共の平穏を危険にさらし、革命を支えてきた最大勢力を一挙に失うことになるだろう」[182]。

　ラムーレットの演説は大きな感銘を与えた。これにより、かなりの数の哲学派議員《フィロゾーフ》が自分たちの底意に一時的に蓋をしてアルビットの提案に賛同し、公認宗派の見直し・廃止の件はまた別の機会まで延期されることになった。それでもゴイエは、ラムーレットに応答しようとなおも食い下がる。「私は次のようにお答えしたい。もし何か危険があるとするなら、それは民衆に対して漠然とした思想や抽象的な原理を示す諸法が作られることにある。しかし法の修正は立法活動の退歩ではなく大きな前進である。もはや聖職者の同業団体もなければ、聖職者市民法もない。そうなれば司祭の特別な宣誓ももはや必要ではない……」。ゴイエは拍手に包まれ、議会はラムーレットの時と同様、彼の演説を印刷に回すように命じた。だがカンボンは、簡潔な言葉でこの議論にケリをつけた。「諸君は国内に騒ぎを起こす気か。そうなれば憲法は無視され、すべてが水の泡だ！」。議会には大きな動揺が走った。メルランとヴェルニヨもこのカンボンの指摘に賛同して、「宣誓拒否僧を取り返す望みどころか、諸君は立憲司祭まで失うことになる」と前者が発言すれば、後者もそれに追い打ちをかけてこう述べた。「原則についてあれこれ議論するのが重要なのではない。原則の面で彼ら〔立憲司祭〕に対してわれわれがなにか疑いを抱く理由など、私はまったく思いもよらない。むしろ現在生じている実際上の重大問題は、いま分離原則を適用することが、はからずも狂信的信仰〔宣誓拒否僧〕に前進の合図を与える絶好の機会になってしまうのではないかということだ」[183]。立法議会はこの見解に同調し、聖職者市民法の改革は「無期限」延期とされた。

　その後数日間、なおも哲学派《フィロゾーフ》議員は聖職者市民法や宗教に対してまでもいくらか攻撃の矢を放った。十一月二十四日、ガデがラムーレットに反論して叫ぶ。「神学ではなく、哲学と理性の観点から（立憲司祭の宗教は宣誓拒否僧のそれと同じものではないかという）問題を検討すべきである。なぜなら神学ははかないが、哲学は永遠だからである」[184]。このフレーズは何度も喝采を浴びた。しかし、かなり長期化しているこの議論の危険性を理解していた議会は、一七九一年十一月二十九日、突如議論を打ち切った。

成果──世俗のプロパガンダ　しかし、そうはいってもこの大論争はやはり広汎な影響を与えた。なによりもまず、聖職者市民法はもはやたんに政治的な必要から、他に妙策もないということで一時的な手段として維持されているにすぎないということがはっきりした。国民を前に国家の世俗化《ライシテ》の問題が突きつけられたわけだが、立法議会はこの問題をすぐには解決できなかった。なぜなら議会が分離原則を敵視していたからではなく、たんにその原則の適用は時期尚早だと判断していたからである。

それゆえ憲法制定議会の宗教的労作〔聖職者市民法〕は風前の灯であった。だがそれを破棄する前に、立法議会はそれに代わる方策を確立しようと考えた。立憲司祭は彼らの力だけでは革命への愛を広く浸透させるのに無力であることを露呈し、その務めを十分果たしえなかった。そうであるなら彼らの宣教と並行して、議会の公教育委員会が方針を決定し、各政治クラブが人員を送り込む世俗のプロパガンダ活動を組織するまでである。この活動は、書物、集会、劇場など極めて多様なかたちで行われた。もちろん市民祭典もそうで、これによりミラボーとタレイランがすでに準備していた国民祭典の体系とプロパガンダ活動が合流した。この世俗の情宣活動の協力を得て、立憲司祭をお払い箱にできると哲学的革命家らが確信する日がまさに来たのだ。その日とは、革命宗教がカトリシズムから分離し、世俗のプロパガンダが理性の崇拝となった日である。

愛国的パンフレット　立法議会は「すべての善良な精神の持主たちよ、自らの努力を新たにし、狂信に対抗する教養を培おう」と呼びかけ、「農村の市民も理解できる良書[185]」の著者には褒賞を出すと約束した。愛国派作家は自らに向けられたこの求めに殺到した。

一七九一年末から年明けにかけて、哲学的な文書や愛国的な教理問答が次々に現れた。マリウス・デュヴァル『狂信論駁――善良な人々へのお年玉』、ドゥヴェラック『田舎司祭と葡萄農家の憲法対話』、デュヴェルヌイユ『人権教理問答』、フルーリー『フランスの自由の番人』、ボワセル『人類の教理問答』、そしてとりわけ人気を博し、このジャンルの模範となったのがコロー・デルボワの『神父ジェラールの暦』である。もちろんもっと挙げればきりがないのだが[186]……。

民衆集会　こうしたパンフレットはすべてジャコバン派と賛同する協会の肝いりで広く流布された。対外戦争が間近に迫った一七九二年二月二十七日、協会本部は適切な方針の周知徹底と民衆の政治教育を行うために、特に農村で重点的に民衆集会を催すよう各協会に要請した。通達にはこうある。「キリスト教はどのように創始されたか？　それは福音書の使徒たちの布教によってである。では憲法をしっかり作るにはどうすればよいか？　それは自由と平等の使徒たちに任せること……」。毎週日曜日、世俗の伝道師が村々を訪ね、人権宣言、憲法、『神父ジェラールの暦』、そしてクルゼ・ラトゥシュの『書簡』[187]を、それぞれ適切な訓示を添えて配布した。「あ当然にも、ジャコバン派はこうした集会を通じて抜群の効果が上がることを期待した。「あなたや兄弟、友人らが派遣した伝道師はこれまでに存在した最も高貴で見事な同盟、つまり全フランス民衆との同盟を結んだ。彼らは、新たな公教育のために国民議会がいつの日か送り出す教師の先駆けとなることだろう……。この最初の知的教育は、迫りくる危機のなかでわれわれの災厄に対する有効な処方箋となるだろう。すなわち良き習俗、祖国愛、法の尊重、つまりは憲法と自由のために欠くことができないにもかかわらず、国民議会が時間的制約からいまだに放置している制度の穴がこれで埋められるはずである……」。

多くの協会と個人がパリからの勧告を待たずに行動に出た。一七九一年末からはやくも、ストラスブールの元書店主ザルツマンは、愛国派司祭の援助を得て、毎週日曜日にその週に起こった政治的事件の論評会を行った。当日は「兵士、召使、労働者、女性など」全社会階層からなる三、四千もの人々がザルツマンの愛国的講話が行われる公共施設の大ホールに集まった。ドイツ人旅行者ライヒャルトはこう記している。「あまりに巨大な群衆のため、われわれは喧噪のなかを前に進むのも苦労するほどだった。柱の前に置かれた演壇までザルツマンがようやくたどり着き、静粛にするよう手で合図を送ると、一瞬のうちに騒ぎが止んだ。まるでハエの羽音が聞こえるほどだった！　彼らの表情ににじみ出ているのは、新聞や風聞が流している不穏な噂についてはやく情報を手にしたいという激しい欲求であった。実用的で要領を得たザルツマンの演説はそれに共感する数々の証言に迎え入れられ、それを聞いていた私も日頃の憂さ晴らしになった……[188]」。

同じ頃、ラ・レヴェリエール＝レポとアンジェの政治クラブの彼の友人たちは、レモージュ地域〔メーヌエロワール県〕とヴァンデで一連の愛国的伝導を組織した。「この伝導の目的は愛国者に投げつけられた誹謗・中傷や、革命とその行動原理について田舎の住人に蔓延している誤った考えを粉砕することに、そしてとりわけ彼らにとって革命がもたらす利点とはなにかをわかってもらうことにある……」。〔ナント近郊〕シュミレでは、ラ・レヴェリエールが指導する愛国伝導団が三色旗を手に大規模な行列を組んで町を練り歩いた。「白髪の老人が旗手を務め、その後ろには三色のリボンを手にした若い娘たちが付き添っていた[189]」。

ラントナスと民衆協会　一七九二年初頭の数カ月から、ガデとロランの友人であるジロンド派のラントナスは市民集会を常設の半公共的制度、ないしは憲法に適った社会的徳に向けて市民を訓育する一種の学校にしようと企てた[190]。彼はいう。「国民に必要な肝心の知識を得るには、もはやどんな宗派の司祭も信用できないのは周知のことである。そうであれば、諸科学のなかの第一の学である道徳学や、この道徳学の一部門である政治学、そしてこれらの学の真の諸原理の上に築かれる憲法は、その重要性とわれわれのいる社会環境に見合った教育機関を持つ必要がある」。

こうしてラントナスは大胆にも、彼がいうところの理性と法の礼拝という一種の市民礼拝の計画を立ち上げる。それによれば、この礼拝はその他すべての礼拝に徐々に取って代わることになるが、当面はそれらを尊重する。立法議会は各郡に政令を通じて民衆協会を設置させる。そこには全市民が誰でも区別なく自由に参加できるが、公務員、とりわけ治安判事が積極的な役割を果たすことになるだろう。「愛国伝道師」の声を聞けば、廉潔の士はいたるところで「古代の自由民の見事な円形劇場を復活」させるであろう。そこで催される祭りや集いは、自己尊厳の感情を民衆に植えつけ、一歩ずつ彼らを普遍的な友愛へと導いてゆく。その一方で「各小会議場では」、その郡《カントン》の民衆協会が法の説明を行い、最良の新聞を読み聞かせ、道徳と政治を教え込む。さまざまな民衆協会がディストリクト、県ごとにフランス全土で次々に結成される。こうして各協会は一つの「普遍的教会」を形成し、ついには再生が果たされることになる。

とりわけオーストリアに宣戦布告したあたりから、革命を救出するには大規模な世俗のプロパガンダを組織するしかないという考えが徐々に支配的となっていった。一七九二年五月十日、フォーブール・サンタントワンヌの代表団は、礼拝ののちに教会で愛国派の集会が行えるようジャコバン派に陳情に出向いた[191]。

〔ジロンド派内閣内務〕大臣のジャン・ロランは各民衆協会が民衆教育への熱意を失わぬよう

彼らを激励した[192]。ロランの言葉遣いは、のちに公安委員が民衆協会に語る言葉をすでに先取りしていた。この大臣の呼びかけに応答したのは政治クラブだけではなかった。多くの市町村当局が毎週日曜日に民衆に対して真理を説き、正しい原理を広めるために朗読者を任命した[193]。

理性の伝道師　民衆集会はそもそも聖職者市民法を擁護するために組織されたものだったが、当初の枠組みから逸脱してゆくのにそれほど時間はかからなかった。はじめの攻撃対象は宣誓拒否僧だけだったが、徐々に演説家たちの矛先は無差別に司祭全員に向けられていった。

一七九二年六月十日、愛国派の伝道活動のなかで述べられた民衆協会に関する演説[194]で、『村民便り』の寄稿者エティエンヌ＝マリ・シオーヴはすでにこう指摘していた。ああ、立憲司祭は誰もが聖職者＝市民 lévites-citoyens だとは限らなかった！　むしろ彼らのなかにはただ司祭にだけなりたかった連中や市民の称号を侮る連中が数多くいたのだ、と。

ここにきて立憲司祭は不審人物となってしまった。民衆弁士たち、つまりシオーヴがいうところの「理性の伝道師たち」が、聖職者市民法の定める市民に対する説教師・道徳の指導者という役割を立憲司祭から奪おうと考えるようになったのも当然の成り行きだった。成り行きついでにいえば、民衆集会が徐々に宗教的な式典へと変貌していくのも避けようがなかった。民衆集会が市民祭典に取り込まれると、それだけで容易に宗教的になってしまったからである。このように市民祭典と民衆集会が結びつき、融合することによって、知性と同様に感性にも訴えかける革命礼拝が本当の意味で形成されてゆくことになったのである。

Ⅳ

ジャコバン派内の衝突──マニュエルとロベスピエール　しかし、ジャコバン派メンバーのすべてが、九一年末から翌年初頭にかけてのこうした愛国的プロパガンダ活動になんの疑念もなく喜び勇んで足を運んだわけではない。日和見者も、慎重派も、立憲司祭との訣別は賢明ではなく、時期尚早であると判断した人たちは皆、節度を失した過激なリーダーたちに率いられた反教権的党派の伸長にすぐに不安を抱いた。パリのクラブは二派に分かれて行動した。一方はロベスピエールに代表される穏健派であり、他方は『村民便り』の元編集者にして、最近パリの革命的自治市会《コミューン》[三九]代表という要職に就いたピエール・マニュエルの強硬派である。[195]

憲法制定議会が宣誓拒否僧に反対する政令を決議していたちょうどそのころ、マニュエルは反教権的情宣活動を組織するようジャコバン派に要請した。「理性の支配を開始するために、ジャコバン協会本部が協会の前例に沿って規則を作り、三カ月ごとに会員のなかから開明的な愛国者を指名するよう要請する。両親の紹介を受け、市民戸籍に登録された全宗派の子供に、各地区で週に二度、自由のための教理問答を行うのが彼らの役目である。この道徳の指導者たちは、秘儀にも教義にも頼ることなく、公共の福祉にとって徳が有用であり、その徳のなかでも筆頭は祖国愛である——というのもそれがなければその他の徳も持ちえまい——ことを証明することで、聖人を作ろうとして人間さえも作れない四旬節の説教師〔カトリック司祭〕以上に、習俗の刷新を推し進めるであろう」[196]。

それから数日後の一七九一年十一月二十九日、パリソは最近自身が書いた反教権的パンフレットの重要な章句を協会で朗読した[197]。彼は立法議会に向けて「司祭の誤った教理問答には健全にして純正な道徳の教理問答を、司祭の迷信的な祭典には市民の祭典を対置」させるよう要請した。

彼は続ける。ローマ教会は自由と平等に基づく国家とは両立しえない。教会の教義は不寛容で、非道徳的である。司祭は独身制によって自然的本性を歪められ、告解制度を盾にしたその権能は非常に恐しく、彼らを監視する必要がある。立法議会は告解制度を廃止すべきである。「この恐るべき制度は、道徳と羞恥の心に傷を負わせ、ジャック・クレマンやラヴァイヤック[四〇]のような連中を作り出すからだ……」。

パリソは最後まで朗読できなかった。〝清廉の立法者〟がそれを遮ったからだ。ロベスピエールは叫ぶ。「クラブの大多数が賛同したからといって、憲法制定議会がわれわれに定めた境界線から逸脱してはならない。協会の仲間がこの著書の内容を聞いたら間違いなく不安になるだろう。民衆が心底信じている宗教的偏見と真っ向から衝突すべきではない。必要なのは時間をかけて民衆を成熟させ、少しずつ偏見を乗り超えさせていくことだ。協会が通常の議事に戻り、現在の情勢から火急の案件となっている議題に早急に取り掛かることを私は要求する……」。マニュエルがパリソを擁護して、司祭や国王についても自由に語れる時代になったのだから最後まで朗読させるよう求めたが、無駄であった。パリソが披露したその哲学的考察に感謝の念を示しつつも、大多数はロベスピエールに賛意を示し、通常の議事に戻っていった。[198]

この最初の前哨戦のあとも、さらなる小競り合いが続いた。一七九二年は一年中、ジャコバン派の演壇は強硬派と穏健派《オポルチュニスト》の啓蒙主義者《フィロゾーフ》同士の闘技場となった。

二月三日、マニュエルはかつて反教権運動に勢いを与えた『村民便り』の創刊者セリュッティ死去の報告を協会で行った。故人の栄誉を讃えつつ、彼は協会として彼の葬式に会員を送るよう求めた。葬儀は「おそらく教会で行われるだろう、なぜならわれわれはかくも自由ではあるが、哲学はいまだ墓地を持っていないからだ」――。今一度、マニュエルはロベスピエールと対峙することとなった。後者は軽蔑気味に述べる。「彼は寛大な処遇に値する死者の一人にすぎない」。非キリスト教化のキャンペーンを咎めつつ、ロベスピエールはセリュッティがジャコバン派ではなかったことを理由に通常の議事へと戻らせた。[199]

ロベスピエールとガデ　しかし、一七九二年三月二十六日の総会ほど、両哲学陣営の間の対立が激しかった時はなかった。[200] この日、ロベスピエールは協会に連携するクラブに向けて愛国的プロパガンダを盛り上げるための要望案を読み上げていた。そこで彼は、革命をその敵から守ってくれた神は、迫りくる戦争が革命に招く新たな危機にも革命側に勝利をもたらしてくれるだろうと、神について何度も語った。「われわれの振る舞いにもかかわらず、これまで常にわれわれを守ってくれた天上の好意に見捨てられるようなことのないよう心しよう！」。これに耐えきれなくなったクラブの反教権主義者たちはまたもや騒ぎ出し、それを静めるために議長の司教ゴベルが身を挺せざるをえないほどだった。ロベスピエールの請願書を印刷に回すよう強く求める声もあったが、結局それは否決された。次いでガデが登壇すると、ロベスピエールに反論して神を非難し始めた。「……この請願書のなかに、しばしば神 Providence という言葉が繰り返し現れるのを聞いた。しかも、神はわれわれの振る舞いにもかかわらずわれわれを守っていたともいわれたかと思う。だが率直にいえば、それはまったく分別を欠く考えだとしか思えないのであって、専制の奴隷状態から民衆を救うために三年間熱心に働いてきた一人の男が再び迷信の奴隷へと民衆を引きずり込むのに熱を上げていることに、私はどうしても理解に苦しむのである……」。再びどよめきが起こり、クラブはほぼ等しい勢力に二分された。多数派が自分のところから離れたと感じたロベスピエールは、その反論の際に、これまで非キリスト教化運動の扇動者らを相手に論戦してきた時のような軽蔑的な口調は控えることにした。彼はガデを「その才能の点で秀でた立法者」と持ち上げ、あくまでガデは単に自分の真意を誤解しているにすぎないのだと説き伏せようとした。「私はガデ氏と自分に共通する諸原則を叩こうとしているのではない。というのも、私の原則は愛国者全員の原則であると断言できるし、私が表明した永遠の諸原則は何人も破壊できないからである。この簡潔な返答を終えるにあたって、ガデ氏が将来すすんで私の見解に与してくれるだろうと私は確信している……」。そしてロベスピエールはこう表明する。自分は「自然と人類を創造した永遠なるものの秘められた力を盾にとり、野心、狂信、そしてあらゆる熱狂を助長しようと世界中にはびこる不敬な宗派すべてを誰よりも憎むものである」と。ただ反教権主義者や、彼らと同じような司祭の敵と原理の点では同意できても、やはりロベスピエールは率直に気品ある言葉で、自分は神の大義と「専制政治の武器となってきたこれらの愚か者たち」のそれとを混同することはできず、自分は神を信じており、この信仰は国民に必要であるように自分にとっても必要なものだと説明した。[201] 彼の発言が終わると会場は再び騒ぎだし、そのなかで議長ゴベルは複数の動議を票決にかけようとしたが徒労に終わった。やむなく彼は会議を閉じるほかなかった。

V

哲学思想の伸張　穏健派の抵抗にもかかわらず、反教権陣営は日々地歩を固めていった。ロベスピエールはジャコバン派内部ではなんとかこの陣営の抑え込みに成功したが、ガデやイスナールと近い関係にあるブリッソー主義者〔ジロンド派〕が多数派を占める立法議会では、反教権陣営は徐々に勢力を伸ばしていた。一七九二年五月十二日、議会は一七九三年〔非キリスト教化運動」を先取りする光景を目撃する舞台となった。サント・マルグリットの助任司祭にして、独身制度を最初に破った哲学派司祭の一人であるオベール師は、その妻を伴って証人台に姿を現した。議長が彼に発言を許可したので、オベールは愛国派主任司祭が従うべき模範を自らが示した誇りを口にする。「ローマ教会の司祭はその神聖な起源へと立ち戻る時がきた。彼らが市民階級のなかへと戻っていく時が来たのだ。独身制度が引き起こしたスキャンダルや害悪のすべてを、彼らがキリスト教的・社会的徳の模範となって贖う時がついにやってきたのである……」。

そこに居合わせた大勢の立憲派司教と司祭にとって侮辱的なこうした宣言は、『モニトゥール』によれば、[202] ほぼ満場の喝采を浴びただけでなく、オベールは妻と付き添ってきた両親とともに議会の来賓としてもてなされた。

同じ頃、反教権キャンペーンをさらに激化させていた『村民便り』は、寛容思想の広がりを喜んで伝えている。クリヤンクールでは、司祭が神聖な土地であるカトリックの墓地にプロテスタント信者の遺体を埋葬することに同意した。モンペリエ近郊のピニャン、ヴァランス（ドローム県）、ブルゴアン（イゼール県）近郊のジャリューではそれぞれ、プロテスタントとカトリックの聖職者がミラボーの胸像の除幕式で互いに抱擁しあった。[203] ブルゴアン（イゼール県）近郊のサラニョンの主任司祭テヴネは礼拝の際のラテン語の使用に紙上で抗議し、彼の同僚でドロイエの主任司祭デュピュイもそれに続いた。[204]

『パリの革命』紙は「神喰らいの組合」〔ローマ・カトリック〕を敵にまわして倦むことなく噛みついていた。その第百四十四号では、[205] 見習うべき模範としてエペルネ近郊のヴォドライユ住人の哲学的行動が賛辞をもって伝えられている。それによれば教区を廃止したのちに会議を開き、自分たちのうちからピエール・ボネという人夫を司祭に指名したという。その次の号[206]に載った、ある反教権的論文の末尾は次のように閉じられた。「どうしてこういわないのか？　その時がきたのではないか？　司祭は皆、愚かで詐欺師であり、ここには一切の妥協もないのだ、と」。聖職団へのこれ以上容赦ない宣戦布告は難しかった。

一七九二年のパリの聖体祝日　立法議会の態度や各県から届くニュース、あるいは報道の論調などに勇気を得たマニュエルは、聖体の祝日に大きな行動に打って出る決意をする。一七九二年六月一日、パリ市当局は彼の弾劾に基づき、立憲教会がなおも帯びていた公的性格のはく奪を目的とした法令を採択した。[207] これまで当局者や高官らは大きな祝典のある日は国民衛兵を伴って宗教行列の先頭に姿を見せてきたが、今後は団体でそこに参加するのは控えるようになるだろう。市民ももやは家の外壁を装飾するよう強いられることもない。「これにかかる出費はすべて任意たるべきであり、宗教的信仰の自由はどういう形であれ侵害されてはならない」。国民衛兵もまた、礼拝のたびに駆り出される必要はない。「市民兵は法の実施と公共の安寧のほかは武装すべきではない」。最後に、行列の通過の際に街の通りの往来が止められることもなくなるだろう。「公共の繁栄と個人の利益を考えれば、商業の自由と活動を中断することは許されない」。

パリの四十八セクションへの通達のなかで、マニュエルは市当局の法令の意味と範囲を明確にするために筆をとった[208]。「無知と専制の時代の不寛容で迷信的な諸原則」を告発したのち、彼はこう予告する。「各宗派が自分の寺院の壁のなかに引きさがり、万民の共有物であり誰も私的に使うことなど許されない公道が、一年のある決まった時期に野外の祭典せいで塞がれることがなくなる日もおそらくそう遠くないだろう」。長期的には、「人間が長い間背負わされてきた束縛の根底にあるあらゆる偏見の根絶」までも彼は視野に入れていた。

パリ市当局はイニシアティヴをとり続けた。数日後、サンジェルマン・ロセロワ教会の聖職団の招きを受けていた立法議会は、聖体行列に団体として出席すべきか検討する必要があったが、デュケノワの提案ですでに招きに応じることに決めていた。しかし異議が申し立てられた。パストレは演壇で国家の中立性というマニュエルの議論を再び蒸し返し、最終的に決議の差し戻しまでこぎつけた[209]。議員が個人の資格で行列に参加できるように聖体祝日の朝には議会は開かれないとだけ決められた。こうして立法議会は原則的にはパリ市当局と連携することになり、ブリッソー系の新聞はただちにこれを喜んだ[210]。

ジャコバン派自体もマニュエルの側に与したようにみえる。すでに六月八日の審議で、ドラクロワは聖職者への俸給の廃止を要求していた。「どうしてある特定の司祭にだけ給料を払うのか？」。彼はエベール派のプロパガンダに先駆けて、「諸君の平穏を乱すことしか能がない役立たずの教会の鐘をすべて国立造幣所の炉のなかに放り込むよう」提案した。「ひたすら無知と迷信をはびこらせてきたこうした隷属と偶像崇拝の象徴を破壊したまえ。それらをルソーやフランクリンのような、自由の気高き情熱で民衆を包み込む古今の偉人の肖像とすべて取り代えよ。諸君の同胞の教育は、あの偏見に満ちた徒党の代わりに、偉人たちの不滅の著作に任せたまえ。諸君の同胞はそのような偏見などなくても立派にやっていける……」。クラブの一部はこの演説を印刷するよう求めたが、別のグループがそれに反対した。ドラクロワは反論をさっさと打ち切ろうと、自腹で印刷することを約束した。[211]

翌日の審議でも、パリ市当局の法令を祝福しにきたまた別のジャコバン党員マチウは、確実にこの命令を実施するよう、良き市民、とりわけ議場の彼らに向けてより一層の活動を要請した。[212] 翌々日、ジャコバン派はマニュエルの法令に異議を唱えにきた「狂信者たち」の陳情を冷たくあしらった。

とはいえ当時の情勢を見れば、反教権グループがたとえ市当局、立法議会、そして時にはジャコバン派までも支配していたとはいえ、世間一般の支持を得ていたわけではなかったこと、それどころか事態はまったくその逆だったことは明らかであった。聖体行列はいつものように行われており、国民衛兵は個人の資格だったにもかかわらず、多数武装して参加していたし、裁判所判事も団体として行列のいつもの場所を当然のように占めていた。サンセヴランの主任司祭は、マニュエル宛の横柄な書簡のなかで、自分の行列には五十人もの擲弾兵が付き添う予定だが、ところであなたの〔三色の〕飾帯でこの行列を追い払いに来たらいかがかと挑発した。聖体行列の通過に旗を飾ったこともなければ、その参加もこれまで拒んできた複数の反教権主義者たちは罵倒され、危害も加えられた。コルドリエ派の肉屋ルジャンドルは、商用のためにポワシーまで馬車で出かけたとき、サンジェルマン・デ・プレの行列に道を譲らなかったために乱闘となり、叩きのめされた。

哲学派《フィロゾーフ》議員は、宗教的偏見の根絶は自分たちの希望的観測よりももっと先になると彼ら自身認めざるをえなかった。マニュエルは自分を議長に指名したジャコバン党員に向けて、パリの国民衛兵の一部の反抗をこう嘆いた。「人民の行政官は司祭に服従したために蔑まれた！」。

ロベスピエール派は間髪入れずにこの状況から教訓を導き出し、自分たちの恐れていたことや自重を求めた忠告は正しかったのだと声高に主張した。カミーユ・デムーランは、もはや前年にアナカルシス・クローツがフォーシェに仕掛けた論戦〔本書八五頁〕を拍手で迎えていたことなどすっかり忘れ、『愛国者の論壇』紙上[213]でマニュエルの非を訴えた。「私が恐れているのは、ジャコバン派のマニュエルが聖体の祝日の行列に反対して対抗措置を煽り、大きな過ちを犯したのではないかということだ。親愛なるマニュエルよ、国王〔世俗権力〕は成熟しても、善良な神〔霊的権力〕はまだなのだ。仮に私が市当局の委員会メンバーだったら、教会管理人に勝るとも劣らない激しさでこの措置に反対しただろう……。各県はもちろんパリでも愛国者マニュエルの告発は重大な不都合を引き起こしている。彼の告発のせいで、これまで多大に貢献してきた立憲司祭が、こうした法令を自分たちの生活を脅かす最も不吉な前兆――革命と反革命はいつも暮らしが成り立たなくなることから始まるものだ――としか考えずに、憲法批判へと立ち上がっているのである」。

ただ、自重を求めるこうした忠告を受け入れるには、すでに反教権運動はあまりに大きくなりすぎていた。マニュエルやその同志にとって、聖体の祝日のあの教訓は、なお一層の努力が必要であることの単なる証左にすぎず、彼らのキャンペーンはこれまで以上に強力に続行された。まずはブリッソー派の新聞が一斉に攻撃を開始し、ほどなくしてエベール派の新聞になるのだが、当時はコルドリエ派の新聞だった以下のような刊行物がそれに続いた。『パリの革命』紙〔ルスタロ〕、『デュシェーヌ親父』紙〔エベール〕のほか、『フランス愛国者』紙〔ブリッソー〕、『パリ時評』紙〔ド・グランメゾン〕といった新聞である。たとえば『デュシェーヌ親父』は次のように叫んでいる。[214]「さあ、勇者マニュエルよ、進め。われわれはどこまでも君を支持するぞ。迷信の洞窟に理性の光を注ぎ、すべての狂信者の考え方をひっくり返してやろう……」。『パリ時評』もそれに続く。「おお、フランス民衆よ、君たちはなおも自由とは程遠い！　すべての宗教の司祭たちよ、自由で穏やかな人間の歩みをいつまで妨げるつもりなのか？[215]」

引き続き哲学キャンペーンは、国境線での最初の敗戦の報も手伝って、かつてないほどの盛り上がりを見せた。マニュエルはジャコバン派への喧伝を支障なく継続していた。七月二十九日の審議で、彼はクラブに対して、空席になっている二つの司祭職について後継者を指名するためにパリの選挙人たちを招集すると告げた。そして「もっともその地位に相応しい司祭、すなわち夫にして父親〔＝妻子持ち〕でもある人々」[四二]を推薦するとして、そうした人たちへの投票を愛国派に呼びかけた。彼は叫ぶ。「女性の用益は構わないが所有は駄目で、他人の妻を使用すればいいのだから自分の妻は持ちたくないなどと考える司祭はここから出ていってくれ……」[216]。

　こうした哲学派のプロパガンダに次第に攻め込まれた立憲教会は、八月十日の前夜までに徐々に愛国派への働きかけを断念していったとみてよいだろう。立憲司教・司祭の多くは、彼らが恩知らずと呼ぶ行為に憤慨し、政争から手を引くのももう時間の問題だった。この頃から、彼らは革命と次第に距離をとり始め、わだかまりを抱えながら身を引いていった。ついには宣誓拒否僧との名誉ある和解しか考えない者さえでてくる一方[217]、逆に『村民便り』の周辺に集った少数の哲学派司祭はさらに公然とカトリック教会との関係を断ち切り、結婚、還俗をはじめ、教会に劣らず頻繁に政治クラブへも出入りした。やがて彼らは新たな市民宗教の司祭となるのだが、その準備のために今度は政治家が表舞台で活動することになる。

VI

立法議会の市民祭典計画

一七九二年の最初の数カ月、哲学派のプロパガンダは決して消極的だったわけではなく、早いうちから積極的な動きを見せていた。
　カトリシズムの打倒、これは良い。だがそれを別のものに置き換えるほうがもっと良い。そういうわけでミラボーやタレイランがすでに構想していたいくつかの市民宗教計画が復活し、拡張・深化を遂げて、はっきりとカトリシズムと対峙することになった。

アレクサンドル・ド・モワ　マニュエルは異なる日時に二度にわたって、[218] 一七九二年の年明けにパリのとある主任司祭が出した『自由国の宗教・礼拝協定』[219] という冊子を賛辞を込めてジャコバン党員に紹介した。見解が大胆なことに加えて、そこににじみ出ている論理的な苦心からしても、この冊子はマニュエルが授けた栄誉にまったく適っていた。しかも、この冊子は対カトリシズム論争のすぐれた武器をいくつも啓蒙主義者《フィロゾーフ》たちに供給し、彼らの市民宗教上のいくつかの発明も、実はそこから着想をえたといっても過言ではなかった。
　著者アレクサンドル・ド・モワが何よりもまず訴えたのは、「わが国の憲法をけがす汚点、法のなかの法に巣くう鬼子」（七頁）たる聖職者市民法はすみやかに廃止すべしということだった。彼によれば、「ジャンセニズムという名の」戯言から生まれたこの市民法は、新たな政治制度を揺るがし、ひいては破壊してしまう恐れがある。実際、宗教戦争となれば一体どこに終わりがありえよう。平和を回復する最良にして唯一の方法は国家を世俗化《ライシゼ》することだ。この解決法は、数カ月前からアンドレ・シェニエ、ルモンテ、ラモン、その他多くの人々によってすでに推奨されていた。だが、このサン・ローランの司祭〔ド・モワ〕はこれに対してまったく別の重要性を与えた。彼は国家が宗教から切り離されるや、宗教を前に国家は無防備な状態になるとは思っていなかった。彼の考える世俗化《ライシテ》とは、消極的な世俗化ではなく、積極的なそれである。彼はすべての宗派に対する監督・検閲権を国家に与え、個別のもろもろの宗教を超えたところに国家宗教を立ち上げようとするのである。

彼はいう、国民は各宗派に対して良識や法に反するものをすべて禁止する権利を持つ。たとえば、自然の本性と習俗に反する独身制は間違いなく追放できる（一五頁）。司祭に対する道徳的な監視の権利だけでなく、彼らの儀式、礼拝、ミサ典書に至るまでそれに対する監査権が国民にはある。ミサ典書にまで権利を行使するのは出版の自由の侵害だという反論は勘弁願いたい。経典は書籍ではなく、信者必携書・特殊規則集に該当するからである。こうした教書は「ある程度の割合の市民にとって法となり、その結果、彼らの信条だけでなく行動をも決定づける」（一六頁）。「ところで、唯一の法、国家の法だけが万民に命令を下すことができるのであって、どんな私的な法も国民の法が持つ正当な支配からいかなる市民をも免除する権利を持ちえない」。したがって国家は、国有財産〔教会施設〕を売買した市民に〔教会が〕宣告した破門や弾劾を取り消すことが可能であり、またそうしなければならない。

もちろん礼拝の野外での示威行動を規制する法もまた国民に属する。「広場、四つ辻、路地と同様、公道も公衆のもの、つまりいつでもどこでも全市民のものである。したがって、公道は万民に常に自由でなければならない。ところが、ある私的な個人や団体が彼らに固有の特殊な使用のために、一時的であれその目的を逸脱させることができるなら、その時点で自由はなくなるだろう」。言いかえれば、いわば公道を寺院にする許可を私的宗派に与えるに等しいであろう（二四頁）[220]。

司祭の衣装にいたるまで、国民が規制できないものはない。「社会と市民のなかに、法自体が設ける区別以外の区別があってはならない……」。特殊な衣装を司祭に許せば、民衆にとって「服装は想定されるかぎり最も威圧的な力」となることに加え、彼らに「それだけ反社会的な旗印を与える」ことになるだろう。「民衆は僧服を人間と取り違えて、僧服自体を案山子か偶像に仕立て上げ、それを敬うこともあれば、それにへつらったりもする……。聖フランシスコの霊はその法衣に、聖ドミニコの霊はその僧服に、聖ベルナルドゥスの霊はその修道士服に宿っている……」（三七頁）[221]。同様の理由から、国家は教会の鐘の音も規制しなければならない。「鐘の音ほどに騒がしく、かなりの広範囲まで鳴り響くような音は、一般的な治安目的のためであったり、なんらかの共通の利害のために市民を招集・団結する場合だけに限られねばならない……」（四六頁）。

最後に埋葬に関しても国の管轄から外すことはできない。確かに市民は皆、自分の身体の所有者であって、それを自由に処分したり、埋葬場所を選ぶことができる。「しかしわれわれが死亡した時に、自分の遺体の処理に関してなんの準備も約束もなく、しかも埋葬に関してなんら希望も述べていなかった場合には、その面倒や世話をする役目は社会自体にある……」。信徒の埋葬の管理を私的な宗教に委ねるのは社会的にみてどうみても危険である。実際、そうなったら「埋葬はどれも、どこそこの宗派の独特な精神に則ってすべて典礼となり、結局、その光景は市民的なものや社会的なものを民衆に一切与えないだろう」。そして「埋葬されたのは一市民である」とはいわずに、こういうだろう。「それはローマ・カトリック教徒であり、ルター派信徒であり、ユダヤ教徒である、云々……」（六二頁）。もしこういう状況になったら、つまり仮にこの国に存在するいろいろな宗派の数だけ異なった埋葬方法があるとするなら、「社会が一つになることはもはやないだろう……」。つまり死者の社会と生者の社会の間に一本の絶対的な境界線が引かれるだろう……。瀕死の状態にある市民はまるで一人ぼっちになって、たくさんの仲間から離れていくように感じることだろう……」（六七頁）[222]。統合への情熱をさらにこれ以上推し進めようとするのは難しい。常にド・モワは首尾一貫した態度を貫いて葬式を公共サービスにすることを要求し、葬式を飾るために彼が提案するもろもろの自然主義的な信経まで描いている。「我らに寝化粧を施し給え。死、それは最後の眠りである。生命と呼ばれる長い目覚めに戻る希望も、床から起きるあてもない眠りである……」（八五頁）[223]。

しかし、同じ形式の葬儀ですべてのフランス人を団結させるだけでは十分でない。生きているうちから自分たちは皆同胞・仲間であると互いに感じあい、祖国への共通の礼拝を通じて数日の間一体感を覚える必要がある。「各宗派のように国家も同様に祭礼を持つ。つまり年中行事や国が祝う永遠に記憶すべき出来事がそれである」。ド・モワが描いたこの国家宗教計画の青写真では、彼はこの宗教にその他あらゆる宗教を従わせようとしていた。彼によると、フランス人の国家宗教は連盟祭の日に誕生した。それ以前にも、「すでにフランス民衆は国民を僭称していたが、まだ国民は存在しなかった。当時まで市民の間に同胞契約も、市民をまとめ上げる紐帯もなく、統合と平等の印となり、真の永遠の友愛の証しと保障となる互いの手にゆだねられた誓約も何もなかった」（九六頁）。だが国家宗教はすでに存在し、いまやそれを手直しして仕上げればよいだけになった。まずはこの宗教を、その他宗教の不純な混ぜものから切り離し、完全に世俗化させなければならない。「ミサをする[224]ために君たちがローマの司祭を助祭や副助祭もろとも、そして同様に僧服や白衣の外套までも担ぎ上げたこの祭壇を、われわれは祖国の祭壇と呼んでいる。なんだって！　だからフランスはなおも従属国で、ローマ教皇・枢機卿・高位聖職者に完全に服従しているだと！」（一〇〇頁）。ならば、さあ司祭はそこをどいとくれ！　いまや市民の祭典は司法官や尊敬を集める古老が司り、こうした町の長老が自由《リベルテ》の復活を祝う古代様式の祭典の幕開けを告げるのだ。続いて、若い娘が家族や町に対する感謝の念を歌い上げ、自由を打ち建てた記念すべき史実を弁士が民衆に向かって朗読する。こうして国民もまたその礼拝と団旗を持ち、この旗のもとにすべてのフランス人が宗派の分け隔てなく馳せ参じる！　この国民の礼拝が徐々にその他の礼拝にすべて取って代わること、これがド・モワの願いである。「不毛で偽善的、吝嗇かつ有害な個人の群れであるバラモン教徒と仏教徒」は、最終的には哲学と理性を前にして姿を消し、再生が果たされよう！

　このド・モワの著作は大きな反響を呼んだ。[225] これほどはっきりと、しかも広範囲にわたってカトリシズムをすげ替えてその解体計画を立てた人はまだいなかったからである。啓蒙主義者《フィロゾーフ》たちはサン・ローランのこの司祭の提案を、その議論の内容から実例にいたるまですべて吸収した。国民公会や総裁政府ならまるごと実施してもおかしくなかったが、立法議会とて彼のプログラムの一部でも実行しないことには解散もままならなかった。

　哲学系の新聞はどれもド・モワの著作を広めることに力を入れた。一七九二年三月十五日付の『村民便り』はその抜粋を長々と掲載し、『パリの革命』は著者への賛辞もそこそこに次のように結論づける。[226]「この種の毅然とした主任司祭が各県に三人いるだけで、ミラボーの願いはすぐにでも実現され、フランスはほどなく脱カトリック化されるだろう。もしそうした幸運がわれわれに訪れるなら、この補欠議員にわれわれはその感謝の念を捧げねばならない。彼なら、国民議会が〔『村民便り』初代編集者〕故セリュッティ氏という人物を失ったことで受けたと自ら認めている喪失感をすぐにでも埋め合わせてくれるだろう」。続けて〔発行人〕プリュドムのこの新聞〔『パリの革命』〕は次のような考察を加えているのだが、少なからぬ読者がその的確な指摘に頷いたにちがいない。「われわれがよく理解できないのは、その著書『自由国の宗教・礼拝協定』で公然と信条を告白して評判となったのに、ド・モワ氏がその後も司祭袈裟や上祭服といった異様ないでたちで教会の聖歌席で祈りを唱え、なおも祭壇でミサをしていることである……」。

ド・モワの思想はほどなく立法議会の演壇まで波及することになる。

一七九二年四月二十六日のアントワーヌ・フランセの報告　この日、ナントのフランセ伯爵は十二人委員会名義で、国内に平穏を取り戻す方法について大部の報告書を読み上げた[227]。フランセは彼なりに宗教史を一瞥すると、原初の人間が持っていた素朴な信仰の美しさを変質させ、その結果民衆を従属と白痴の状態に陥れた司祭の罪を告発した。「国家がこの徒党に潰されるのか、それともこの徒党が国家に潰されるのか、ついにわれわれはそういう段階に達したのだ……」。だがどうやって宣誓拒否僧を叩き潰すのか？　まずは彼らに告解室の使用を禁じ、ついで県の首府で監禁して、それでも駄目なら最後は流刑に処す。今後は、宣誓した立憲司祭だけが公私の説教台から民衆の教育を許される。だがこれは結局、立憲司祭に花をもたせてやるべきだといいたいだけなのか？　フランセの考えはそうではない。立憲司祭もやはり司祭にはちがいない。彼ら自身も自己改革を強く望んでいるはずであり、「敵どもから解放されて、より多くの知恵と平和に包まれる日がいつかやって来るならば、彼らはトマス・ペインと共にこういうだろう。『人間を善良にする信仰はすべて良い』」。フランセが期待するのはこれである。別の表現をすれば、彼の眼には、立憲司祭がカトリシズムを拒否して自然宗教に加わってくれる光景がすでに浮かんでいた。この要望を歓迎して議場と演壇から沸き起こった満場の拍手喝采は、大多数の愛国者に彼の願いが共有されたことを物語っていた。

このようにフランセは民衆を再び憲法へと連れ戻すためなら良き司祭さえ信用しなかったが、それだけでなく別の一連の対策も用意した。彼によれば、月に一度立法議会は公式に市民に対して訓令、助言、訓戒を与えねばならない。立法者は「民衆の教師」にもなるのだ。「彼らの定期的な訓戒は、全市町村、全学校、そして全政治クラブで熱心に読まれることになろう。それは人々の意見が割れた時には彼らを合意へと導く結束点として、党派精神の醸成に対してはその解毒剤として役立つであろう」。それと同時に、市町村当局は必ず「毎週日曜日に集会所に当地の住人を集めて、その週の間に発布予定の法律を彼らに読み上げたり、政治情勢全般やそれに対する当局の立場について情報・知識を与えなければならない」――これは総裁政府の旬日礼拝の計画を六年もはやく先取りしたものだったのではないか？

フランセの報告は「満場の喝采」で迎え入れられ、議会は八十三県にこれを送付することを命じた。[228]

宣誓拒否僧をめぐる新たな論争　五月十五日、フランセが十二人委員会名義で提出した政令計画の審議が始まった。イスナールはたびたび聖職者市民法の誤りを嘆き、宮廷の陰謀と裏切りを告発しつつ、結論としてフランセ同様、宣誓拒否僧の国外追放を要求した。翌日、ルコワアント＝ピュイラヴォー、ヴェルニヨらもやってきて同じ結論を述べたが、そののちに今度はサン・ローランの司祭ド・モワが登場した。[229] さきの弁士たちが聖職者市民法の誤りについてあまり強調することなく軽く触れただけだったのに対し、ド・モワはそれを中心議題においた。彼は力説する。聖職者市民法は人権宣言にまったく矛盾している、なぜならフランスに特権的な聖職団を作ろうとしているからである。「かつては、ローマの教団との関係を断つ者は誰しも異端者扱い、少なくとも離教者として追及されたが、今日では立憲司祭の承認を拒否する者は誰もが、公民精神を欠いた人間、あるいは貴族主義者《アリストクラート》だと決めつけられ、疑われる。諸君に問いたいのは、仮にダライ・ラマをその正統な唯一の主権者とみなす宗教団体を国内に認めたとして、国民はその教団の祭司を養うための負担を引き受け、彼らを任命する気になったりするだろうか？　諸君は彼らのために、わざわざフランスを碁盤の目のように分割したいのか？」[230]。こうしてド・モワは結論として聖職者市民法の撤廃を要求し、その代わりに信教の自由を市民に認める、礼拝の統制に関する法律の制定を提案した。立憲司教らは途中で演説を中断させたが、[231] 議会の大多数はド・モワを称賛し、彼の演説の印刷を命じた。次にラモンがきてその政令案に優先権を認めるよう提案したが、しかしここにきて立法議会はいつもおなじみの態度の急変が起こる。名前のわからない一人の議員が、同僚たちが決議しようとしていたこの動議の危険性について彼らに注意を促したのである。「憲法制定議会の目算には宗教の廃止まで含まれており、古い聖職団の活動を抑え込んでから、その残りすべての宗教団体も廃止へもっていく計画がある。こうした話をこれまで言葉巧みに国民に吹き込んできた連中がいる。こうした意見に信用を与えかねないあらゆる措置に背を向けよう。なぜなら〔宗教の廃止となれば〕対外戦争だけでなくわれわれは内戦も覚悟しなければならなくなるからだ」[232]。昨年の十一月の時のように、議会は宗教を廃止しようとしているなどと民衆が信じ込むのを恐れた議会はここにきて尻込みし、しばしば聖職者市民法を維持することにしたのである。結局、ドラクロワの提案に基づきド・モワの動議は先決問題からはじかれた。

五月二十四日、論争に再び火がつく[233]。立憲司祭のピエール・イションは自らの教会の弁護論を展開し、ラモンやド・モワが要求している国家と教会の分離は結局は宣誓拒否僧、つまり革命の敵に利するだけだと論じた。これに対してベケットは分離を主張して彼に反論する。ラリヴィエールはルソーの権威を盾に市民宗教に関する章〔『社会契約論』第四編第八章〕を読み上げて、宣誓拒否僧への特例措置〔流刑〕を正当化した。他方、ラモンは『社会契約論』も「正しく理解されているわけではなく、それはどんな書物でも同じだ」と反論し、行政当局による司祭の追放に力強く反対した。「それこそまさにルイ十四世がジャンセニストに行使した手段[四三]ではないか」。ガデはラモンの「詭弁」を告発して「宣誓拒否僧の全面的反乱」を指摘し、「民衆の声」について語った。ラモンはガデに反論しようとしたが、多数派はもう決着がついたと判断したらしく、議論が打ち切られるや宣誓拒否僧の流刑が決議された[234]。

聖職者市民法はまたもや多くの議員から原理面で非難を受けたが、これまでそれが維持され続けたわけは、このようにどこまでも政治的な思惑からであった。だが啓蒙主義者《フィロゾーフ》と立憲司祭の間の溝は日ごとに深まっていった。というのも、この聖職団が革命の擁護に無力であることが次第に明らかになっていったからである。

公教育委員会と市民へのプロパガンダ――コンドルセ　議会の公教育委員会は、立憲聖職団が挫折した仕事を再開して初等教育と共に民衆の公民教育を組織するよう任を受けた。司祭をめぐる論争が開始されようとしていたのと同じ時、一七九二年四月二十日と二十一日にコンドルセは「公教育の全般的編成[235]」に関する有名な報告書をこの委員会名で朗読していた。彼は国民の祝典が民衆教育の一部であることを忘れていなかった。「国民の祝日は、農村の住民と都市の市民に自由の輝かしい時代を思い出させ、美徳によってその生涯が尊敬される人々を永く記念し、彼らが生涯をとおして示した献身と勇気を讃えることによって、農村住民と都市市民が知っておくべき義務を大切にするように教えるであろう[236]」。コンドルセは市民を目覚めさせ、彼らに愛国的美徳を教えるには、市民祭典以上に民衆集会を重視した。だがラントナスが集会を組織するために民衆協会に訴え、フランセが市町村当局に訴えたのに対して、コンドルセは教師の支援を求めた。彼の政令案には次のような条項がある。

「毎週日曜日、教師は全世代の市民、とりわけ公民宣誓をまだ行っていない若者を出席させて、公教育〔知育〕を授ける。その目的は以下の通りである。

（一）学校で習った知識のおさらい。（二）道徳と自然法の原則の詳細な説明。（三）全市民が理解しておかねばならない憲法と諸法規の教育。特に新しい法律を告知・説明する陪審員、治安判事、自治体の役人に役立つ法規の教育。彼らにとってこうした法規を知っておくことは重要である[237]」。

この報告書を一七九三年に再版した際に、コンドルセは自分の考えをさらにはっきりと表明している。教師が主催する毎週の集会は「魔術師や奇跡の語り部」などから民衆を守るのにとりわけ好都合である。彼はいう。「教師たちに、毎週の公開講座でこうした奇跡のいくつかをときどき講義してほしいとさえ思う。たとえば、ガラス製のアヒルがナイフに刺したパンを取りにくるとか、人が出した質問の回答がまったく白紙の書物のなかで見つかるとか、槍の穂先で火が燃え上がるとか、生贄に水をかけているのに火刑台に火がつくとか、いったん凝固した血が液化するとか、エレア〔古代イスラエルの預言者〕や聖ジャンヴィエ〔ナポリの守護聖人〕の奇跡とか、その他もろもろのこの種のことについて繰り返し講義することは、費用もかからないし、難しくもないだろう。このような手段は迷信を打破するのにもっとも簡単でもっとも有効な手段の一つである[238]」。

こうした民衆集会を梃子とした市民のプロパガンダが、非キリスト教化主義者らの手によって一つの武器に仕立てられるのにそう時間はかからなかった。

個人の手になる市民祭典案　立法議会は、その公教育委員会が国民の祝日のための政令案を議会に提出する前に解散してしまった。だが祖国は宗教の祝祭とは別な独自のそれを持つべきであり、この祝祭が公民精神と友愛精神の学校になるという考えは徐々に広まっていった。

一七九二年の四月から、ごく普通の市民が愛国的祭典計画を議会に提出した。たとえば、ロマン町の能動市民〔一定の資産を持つ直接納税者の男子〕デュポール＝ルーは、一七九二年四月二十七日の立法議会議長宛の書簡でこう書いている。

「……理性がその掟をなす宗教寛容は立憲憲章の条文の一つである。ルター派、カルヴァン派が自分たちの寺院から無理やり引き離されたり、ユダヤ人もキリスト教の教会でしたくもない祈りを捧げるためにシナゴーグ〔会堂〕を追い出される必要もない。非国教徒は宗教的見解がいくらか違うという理由で、国教徒と喜びをわかち合えないのか？　国民議会は、全市民が共同で行えるような感謝の喜びと祈りの様式を考える必要がある。それがあれば、信仰の違いやある宗派の排他的な画一性が目立つことはないし、良心の自由を尊重しつつ、祖国愛を大きく羽ばたかせることができる。

真に祖国を愛する一市民が立法議会に提出しようとしている案がこれである。それは人々を分断しかねないものをすべて恐れ、感情を一つに結びつけようとするものをすべて心から望む。

各地方の県会は国民の祝日に各州ごとの集会所を毎回指定する。

市町村当局者は武装した国民衛兵を各自従え、三色飾帯を肩にかけてそこに参加する。

積み上げられた薪の束に各市町村の市長や役人が点火する。

この儀式の前に、どの宗派の司祭でもない最年長市長が最高存在に対して祈りを捧げる。〝人間を兄弟として創造した人類共通の父よ、汝の子たちからの感謝の印を受け取りたまえ、真理・正義・平和の精神を彼らにあまねく広めたまえ〟。

火が燃えている間、市民はコーラス隊を組み、楽器による伴奏と共に人権宣言の全十七条を唄う……[239]」。

ほぼ同じ頃、今度は「パリ市の建築家ポワイエ氏」が『国立競技場と例年祭の計画』[240]（一七九二年）のなかで、彼の場合、新体制の支えを市民祭典の設置に求めた。

「習俗の支配は法の支配と結びつかなければならず、人間は良き法律の恩恵を知ると同時にそれを大切にすべし。公共精神を形成し、それによって公共善への感情と公共の繁栄への全面的な愛情を早急にしかも力強く呼び起こさなければならない……。もし習俗がいつまでも変化することなく、民衆が知識を身につけることがなければ、われわれは砂上に楼閣を作るだけになるだろう……。公式の祭典ほどこの目的の実現に適うものはない。祝祭が生み出す人々の巨大な集まりのなかで、市民は互いに結び付き、認め合い、そしてわかり合う。そして市民は互いの親切心から元気をもらい、想像力をたくましくし、勇気を奮い立たせ、その魂は国家とその同胞への愛へと目覚めてゆく……」。

ディジョン近郊プロンビエールの主任司祭で、最後は敬神博愛教徒にまでなった哲学派のシャルル・シェノーは良き市民・英雄を生み出すために、厳かな儀式で彼らにランクに応じた賞を授与する国民報奨制度を設けるよう提案した。[241] 彼の夢のなかでのパンテオンには、君主政の開始から革命期までフランスが生んだ偉人の解説目録である国民名簿パネルが設置される。そのパネルのそばにある祖国の祭壇には、「狂信と迷信という怪物を踏み潰す一体の彫像」が置かれ、「その一方の手には引きちぎられた鎖が握られ、もう一方の手で市民の冠が授与される……」。

もちろんシェノー、ポワイエ、デュポール＝ルーだけが、すでに自然発生的に存在していた市民礼拝のいろいろな要素を最終的なかたちに組織しようとした唯一の人々というわけではない。ただ彼らの事例のおかげで、われわれは政治家の考えがどの程度まで深く浸透していたのかを知ることができる。もし政治家が最後まで突き進むことにためらいを覚え、カトリシズムの代わりに革命宗教を打ち建てることに躊躇したとしても、愛国的民衆はそんなことにはお構いなしに前進しただろうということは、すでに予測可能であった。

戸籍に関するゴイエの案　しかしこの時代、立法者たちはまだ世論に警戒することを学んでいなかった。むしろ彼らは世論の先頭に立ち、その先導役として行動した。戸籍簿の世俗化《ライシザシオン》に関する審議に入った一七九二年六月十九日、代議員ゴイエは念入りに推敲を重ねた演説のなかで、洗礼・婚姻・死去の確認を市民の典礼として行うことを提案した。仮に彼の政令案が採用され実施されていれば、革命宗教は一七九二年の時点ですでに公認礼拝を備えていたことになる。

ゴイエは旧宗教の祭壇に新宗教の祭壇、つまり各市町村が一様の形式で造営を義務づけられた祖国の祭壇を対置させる。人権宣言が朗読される祖国の祭壇の前に、市民は「その人生の節目ごとに召喚される」。彼が生まれた時にはそこに詣で、十八歳になれば武器をもらいに行き、二十一歳で市民名簿に登録され、結婚式もそこで挙げ、最終的には遺体も市民葬のためにそこに運ばれる。要するに祖国も宗教と同じく秘跡〔典礼〕を持つのである。これらはすべて市民に対して「自分はその祖国のために生まれ、生き、そして死ななければならない」という観念を植えつける。かつての宗教同様、祖国は人間をまるごと引き受けて、その身体と魂を一から作り上げる。ゴイエの説明によれば、「最も鈍感な心の持主でも子供の姿が目に入れば心が惹かれるし、互いに愛と忠誠を誓う夫婦が一緒になる光景もやはり好感を呼び起こす。また最も粗野な人でさえ、死にゆく人を見れば仮に敵であっても涙するものだ。葬列の沈痛な儀式は、人間に自分の最期を呼び起こし、故人の家族の悲しみといわば一体化させる。いろいろな状況から心が受け取るすべての感覚を高めよう。すなわち、こういう表現が許されるなら、心を市民色に染め上げよう。かくも魂が揺さぶられる瞬間をうまく用いて、魂を高貴にし、自らをも超克する徳でもって人の心を感動させよう」[242]。

ゴイエは一般的な見解を述べるに留まらず、市民生活上の主な節目について、カトリックの典礼を模した市民の典礼の概略を描いていた。

生誕に際しては、「人民の司法官」が司祭の代わりを務め、子供を戸籍簿に登録する時は必ず祖国の名のもとに、自由な人間に値する教育を子供に与えて隷属と無知から解放するという正式な誓いをたてる。他方、その父親ないし名親は新市民の名のもとに、国家への忠誠、法への服従、法によって定められた権威への敬意を誓う。そして儀式は次のような叫びとともに終了する。「自由を生きるか、さもなくば死か！」

十八歳になると、若者は国民衛兵として武器を受け取るが、それはまるで初めての聖体拝領のように行われる。毎年、七月十四日の記念日には、徴兵の年齢に達した若い市民が古参兵に付き添われて祖国の祭壇まで行き、そこで司法官から、軍隊はどこまでも法を守るためにあり、「君たちが武器を持つのもただそれがゆえ」であるとの訓示を受ける。司法官は、愛国的な激励に加えてもちろん道徳的な助言も与えるだろう。同じ儀式は、二十一歳の市民名簿への登録の時も行われる。列席者は全員で「自由を生きるか、さもなくば死か」と繰り返し宣誓する。

婚姻に際しても、その発表は祖国の祭壇の前で行われる。二人が司法官を介して結ばれるのもまた祖国の祭壇である。「自然の最も優しい感情により私たちはお互いのものである前にまずは祖国のものなのだということを決して忘れない」と二人でみずから宣言し、「自由を生きるか、さもなくば死か」と声を上げ、ここで二人の「結婚の誓い」が確たるものとなる。

最後に、祖国は死者に対して追悼の栄誉を授ける。市民はすべて死後、その祭壇で紹介を受け、その葬列は一自由人にふさわしいものが用意される。その弔辞は故人の生涯をたどり、彼の功績に対して再び感謝の念を広く呼び起こさせる――。

立法議会は身じろぎもせずこのゴイエ案に耳を傾けていたが、「多くの拍手喝采」によってそれを受け入れると、その印刷を命じた。それから八日後の一七九二年六月二十六日、立法議会はそのうちの重要な項目を採択し、次のように布告した。「国内の全市町村に、祖国の祭壇を建てること。そしてその祭壇には次の碑文と共に人権宣言の文言が彫られること。市民は祖国のために生まれ、生き、そして死ぬ」。同じ政令によって、ゴイエ案のその他の項目は公教育委員会にゆだねられ、その実施方法を検討する役目はそこが担うことになった。

一七九二年九月二十日の政令　公教育委員会は提出された動議にまったく対応しようとはしなかったが、その一方で立法議会は離婚の法制化と同時に戸籍簿の世俗化《ライシザシオン》を最後の審議で宣言した。互いに補完し合うこの二つの大きな政令は、立憲司祭にとってもっとも大きな打撃となった。教会と国家の分離は、これまで大抵はその時々の理由のために先送りにされてきたのだが、今回は細かな点まで行われ、祖国と宗教の間の溝はさらに深まった。まさにジャン・ジョレス氏がいうように、[243] 司祭から戸籍簿を取り上げることは「法として布告されたもっとも過激な革命的措置の一つであった。それは社会生活をその根底から揺さぶり、こういってよければ生活の土台そのものを変化させた。すべての戸籍簿を教会から取り上げて役場に一斉に移管させ、古い簿冊をすっかり閉じて新しい台帳を開くことが、どれだけ民事上の大改革の強烈で象徴的な出来事であったことか！　それはあたかも新世代が司祭とのあらゆる接触から解放されたかのようであった」。

Ⅶ

八月十日と非キリスト教化　〔チュイルリー宮殿が襲撃された九二年〕八月十日以降、反教権運動は盛り上がりを見せ、さらに広がっていった。

パリの革命自治市会《コミューン》　革命自治市会は搦手《からめて》から非キリスト教化運動を開始し、議会もそれに従ってゆく。

騒擾〔八月十日事件〕の翌日、「立憲司祭が行う不当徴収に対する複数の市民の不平に基づき」[244]、自治市会は〔冠婚葬祭での〕司祭の謝礼金の廃止を決定したのだが、この同じ布告によって葬式の平等を制度化し、教会管理人制度や彼らのための特別席なども廃止した。ただこれは単なる序曲にすぎなかった。この布告のまえがきの一文から、非キリスト教化を進めようとする思惑が透けて見える。「自由な国では、迷信や狂信の考えはすべて健全な哲学と清らかな道徳の感情によって根絶され、交代されねばならないことに鑑みて……」。八月十七日、自治市会は新たな布告を出して、「祖国の防衛のために」教会のブロンズ製品を徴発した。「もっぱら司祭たちの狡猾さと民衆のお人好し加減のせいで生まれた奇妙なまがい物……、ブロンズでできたキリストの十字架像、譜面台、天使、悪魔、熾天使《セラフィム》、智天使《ケルビム》等々、これらはすべて大砲の製造に用いられる。そして教会の鉄柵は槍の製造に利用されるだろう……」。[245] 九月三十日、ミラボー地区では、貴族政治や狂信を連想させるような通りの名称が変更された。アルトワ通りはセリュッティ通りに、プロヴァンス通りはフランクリン通りに、テブー通りはブルータス通りに、シャントレーヌ通りは自由通りに、サン・ジョルジュ通りはウィリアム・テル通りに、サン・ラザール通りはベルギー通りに、殉教者通りはレグルス通りへ、それぞれ変更された。[246]

立法議会　議会も自治市会に遅れをとらなかった。形式的には自治市会ほど力ずくではなかったとはいえ、実質的には同等の仕事をこなしていった。すでに一七九二年七月十九日に、議会は立憲司教から司教館を没収し、国民の利益のために売りに出していた。[247]

八月十四日、ドラクロワとチュリオの提案により、議会は国の寺院やモニュメントのブロンズ像を大砲にする任務をパリの自治市会に与えた。その同じ日に、議会は八月十五日の行列のためにルイ十三世の勅令[四四]を廃止した。またその日に、議会では議員ルジョーヌによって、司祭の結婚が数人の司教から妨害を受けたことに対する激しい告発が行われた。[248]

八月十八日、議会はなおも存続していた最後の修道会を廃止し、これを機にすでに四月六日に政令として布告されていた僧服の禁止をさらに更新した。[249]

八月二十八日、議会は聖ロクス[四五]の銀の彫像を祖国のために供出しにきたジャコバン派の代表団を証人として迎え入れたが、その弁士からはエベール派のような過激な演説が議場にこだました。「いろいろな信徒団体が国内に聖職者の鎖の輪を作り、民衆がその奴隷になってきた。だがわれわれはその鎖の輪を断ち切り、自由人の偉大な友愛団に加入した。われわれは、フランスでかくも猛威をふるってきた政治的ペストに対して、わが聖ロクスに加護を祈った。だが彼はわれわれの願いを叶えてくれなかった。彼の沈黙はその姿に原因があるのだろうとわれわれは考えた。そこで彼には通貨になってもらおうと、諸君のところに運んできたというわけだ。たぶんこの新しい姿になれば、彼はわれわれの敵であるペスト罹患者の撲滅に協力してくれるだろう[250]」。

九月七日、ついに議会はパリの自治市会の布告を政令へと切り替え、国家から給与を得ている聖職者がいかなる名目であれ謝礼金を受け取ることを禁止した[251]。

同じ頃、内務大臣ロランはフランス全土に有益な哲学思想を広めるために、公共精神に関する委員会を組織し、議会はそのプロパガンダのために十万リーヴルの予算をつけた[252]。大臣の指示に従って、フランス全土の愛国派の市町村や政治クラブは民衆教育に一層の熱を入れた[253]。

立法議会末期の状況　要するに、立法議会が解散する頃には、教会と国家の最終的な断絶は日増しに現実味を帯びてきたように思われた。だがこの断絶が単純に宗教を拒否するものではなかったことも明らかだった。革命政府は宗教と手を切っても、宗教的な性格は残したがっていたし、かつての古い社会秩序に向けられていた信仰心をなんとか新しい社会秩序へと振り向けることはできないかと日々思案をめぐらせていた。ヴァレンヌ事件以降、祖国の宗教は大いに強化され、はっきりと姿を現し始めた。ラントナス、ド・モワ、コンドルセ、フランセ、ゴイエらはプロパガンダ・教育・市民祭典に関する計画のなかで、すでに事実上、新しい政治制度を擁護し、それに愛着を持たせることを目的とした市民宗教的な組織の計画を構想していた。こうした組織はいたるところでまさに形成されつつあった。手ひどい仕打ちを受けた格好の立憲司祭らは、落胆してがっくりと肩を落とし、革命から撤退していった。その代わりに「理性の伝道師」たる政治クラブの弁士が司祭の放棄した場所を占拠し、彼らの市民祭典や民衆集会、愛国的伝道などはことごとく群衆が祖国との一体感を得るための宗教的な会合になっていった。

　これまでは哲学的な流れに抗していたロベスピエール自身も、この頃には祖国の礼拝に自分から貢献したがっていたように見える。一七九二年八月十四日、ヴァンドーム広場地区の代表団の先頭にいた彼は、八月十日の死者への慰霊のためにピラミッドを設置するよう立法議会に求めにやってきた。彼はいう。「自由の殉教者の名を不滅のものにして、われわれに必要な徳を今すぐにでも高らかに讃えようではないか。われわれが彼らにしなければならないのは単なる敬意にとどまらず、一つの崇拝である……」[254]。

　八月十日の死者への慰霊祭は、チュイルリー庭園で同月二十六日に催され、大群衆がつめかけた[255]。

十一月四日にもフランス座地区のコルドリエ派の敷地で「一七九二年八月十日という記念すべき日に華々しく亡くなった勇敢な市民たち、高潔なマルセイユ兵たち、各県の連盟兵たちを讃える共和主義の式典[256]」が催された。フランソワ・モモロがそれを仕切り、ショーメットが追悼演説を行い、次のような純汎神論的な「自然」への祈りが最後に捧げられ、式典はお開きとなった。「今日、われわれがその墓に栄誉を捧げている人たちは、大地という母の懐へと入っていった。おお、自然よ！　数知れぬ汝の崇高な神秘をここで伝えることは到底できぬ！……　おお、自然よ！　母よ！　汝に捧げる敬意の印を今こそ受け取りたまえ……。自由な大地！　母なる大地！　自然の最も甘美な香りを用意し、その懐で新しい花の種を温めたまえ。春が戻ってきた時に、わが兄弟の墓をその花で覆うことができるように。だがこの良き時が来たるまでの間、友よ、共に歌おうではないか。祖国の守護者の思い出を讃えんがため、歓喜の歌を歌おう……」。

こうした文言をよむと、理性の崇拝の到来もそろそろ近いのが感じられるだろう。

ただ、ショーメットやフーシェといった伝道師がカトリシズムの廃止に力を入れ、革命礼拝が陽の目を見るようになるまでさらに一年もかかる。というのも、革命家たちは祖国を防衛してそれに愛着を持たせるような組織を設置することが必要だという点については原則的に一致していたが、旧宗教――のちに全面的に廃止されるわけだが――を市民礼拝に完全に取り替える必要性についてはなおも合意に至っていなかったからである。ロベスピエール、ダントン、デムーランなどをはじめ穏健派《オポルチュニスト》や政治家は、民衆動乱を恐れて、手荒い非キリスト教化にはできるだけ反対の姿勢をとり、立憲司祭たちを追い詰めず、なるべくその最終的な解体を遅らせようとした。モンターニュ派がこうしたためらいを捨てるのは、ようやくジロンド派の蜂起の裏に立憲司祭の手引きがあることに気づいた五月三十一日以降であった。

こうした状況を、オラール氏は非常に巧みに次のように述べている。「この経験から、ジロンド派や連邦主義者に味方した多くの司祭を抱える立憲教会を《モンターニュ派の》共和国が信用できなかったのは明らかだ。立憲派聖職者はこぞってモンターニュ派の集権政治に敵意を抱いていたようだ。逆にサンキュロットから見れば立憲派聖職者は誰もが敵となり、民衆も、彼らは宣誓拒否僧となんら違いはなく、親ジロンド派宣誓僧も王族や亡命貴族の共犯たる宣誓拒否僧と同じくらい危険であるとはっきり思うようになった。昨日までは、悪しき司祭には良き司祭が対置されてきたが、今日からは良き司祭など存在しないし、今後存在することもないと人々はみなしたのである。戦闘的愛国者の心のなかでは、カトリック教はこうして、その信用を失っていた。もしこの礼拝が国防の足かせとなるなら、よろしい！　その時は廃止あるのみ！」[257]

むすび　まだまだ不十分な研究ではあるが、いくつか結論を述べてもよいだろう。

（一）革命礼拝は、それを思いついた人々でさえほとんど真剣に受け止めていなかった人為的な作り物でも、その場しのぎの策でもなかったということ。実際には、それは十八世紀哲学を母として生まれ、革命の最初の数年の間に自発的に花開いた本物の宗教の具体的な表れであったのである。

（二）この新しい宗教は当初は雑然とした姿で成長していったが、徐々にその自覚を持ち始め、聖職者市民法の挫折を経たのちに旧宗教から袂を分かったということ。この市民法の挫折が契機となって、革命家はカトリシズムと手を切って、いろいろな既存の諸要素から成る市民礼拝と交代させようと考えたのである。理性の崇拝の起源は、立法議会期から早くも大量に立案された、多くの市民祭典や愛国的プロパガンダの計画のなかに求めなければならない。

（三）教会と国家の分離という考えは、一七九一年からすでに愛国者の間では出回っていたが、それは決して真に世俗《ライック》的な思想とはいえなかったこと。ごく少数の例外を別とすれば、革命家はなによりも〔宗教と国家の〕不可分的一致への情熱に燃える旧体制の人間であり続けた。宗教から切り離された中立的な国家という考えは、彼らにはまったく無縁であった。彼らがルソーに依拠して思い浮かべる理想的な国家とは、古代国家であり、言葉の十全な意味での主権国家であり、徳の番人にして幸福の僕たる国家なのである。彼らは、自分たちの新しい国家のために、かつての国家が集めていたものと同じ敬意と同じ畏敬の念を要求しながら、カトリシズムを彼らの市民礼拝に切り替えていったのであった。

原注

1 『執政政府と第一帝政の歴史』、一八七四年版、第二巻、一六三頁
2 キネ、百周年版、第二巻、五七―九七頁
3 『教会とフランス革命――一七八九年から一八〇二年までの教会と国家の歴史』第二版、一八六七年。三五一―三五四頁の第三章を参照。
4 ミシュレ、第十四分冊、第一章
5 『敬神博愛教史』、一八七〇年
6 オラール『理性の崇拝と最高存在の崇拝』、一八九二年、vii頁
7 前掲書、viii頁
8 もちろんここでは、われわれは宗教現象を社会的現象に限って検討するものであり、多くのプロテスタントにとって重要な概念である「内面的宗教」、つまり個人の感情については脇に置くものとする。
9 タイトルは以下。「宗教現象の定義」『社会学年報』、第二巻、パリ、一八九九年〔デュルケーム『宗教社会学論集』古関藤一郎編・訳、行路社、一九九八年、五九―九三頁〕
10 前掲論文、一三頁〔前掲訳書、七四頁〕
11 同上、二一頁〔前掲訳書、八三頁〕
12 同上、二〇頁〔前掲訳書、八二頁〕
13 同上、二四頁〔前掲訳書、八六頁〕
14 同上、二三頁〔前掲訳書、八六頁〕
15 同上、二八頁〔前掲訳書、九一頁〕
16 『理性の崇拝と最高存在の崇拝』の八頁と一〇頁のオラール氏による引用。

17 前掲書の第一章「啓蒙思想家」でオラール氏がまとめた文章を参照。

18 『社会契約論』の最近の編者ジョルジュ・ボーラヴォン氏はそのように説明している（一九〇三年、パリ、一三三頁、脚注一）。

19 第二編第一章、ボーラヴォン版、一四五頁〔原文には「第一編」とあるが、「公共の福祉」が出てくるのは第二編第一章なので訂正した〕

20 『七月にヴェルサイユで逝去した、この町の第三身分第一議員ブラン氏のブザンソンで行われた葬儀』（ブザンソン、一七八九年七月十八日、パリ市立図書館所蔵）。署名のない書簡形式。七頁に次のように書いてある。「これまで議員諸氏全員が誇示してきた結束力から、彼らのなかの一人にこうした儀式が与えられたとすれば（なぜなら議員全員をそのうちの一人の人格として称賛することが常に心がけられていたから）、どうして彼らが希求してはいけないものなどあるだろうか？　彼らは自分たちが賢明・有益な規則を通じてわれわれの幸福の担い手になると覚悟を決めてはいけないのだろうか？

21 『八月四日の不滅の日に祝われるべき国の祭日』（パリ市立図書館所蔵）というある奇妙な草案は次のように記している。「一七八九年の議員は誰も貴族でないのに、この日ばかりは全員そうなる。彼らとその末裔はどれも等しい功績を持ち、その故郷ないし地方都市の市町村役場があるところではいつも贔屓にされる」。

22 オラール『公安委員会の活動』第十一巻、四〇五頁

23 『モニトゥール』、一八六三年のリプリント版、序文、五六七頁

24 一七九〇年七月一日の審議。『モニトゥール』リプリント版、第四巻、五一五頁

25 私は審議の議事録を『アンシャン・モニトゥール』のリプリント版第一巻から拝借している。

26 『村民便り』第二年（一七九一年）年頭告示。

27 『村民便り』宛のロム書簡。一七九一年七月二十一日号。

28 一七九一年十一月十四日の審議。シオー『聖職者の市民憲法史』一八七二―八一年、四巻本、第三巻、五〇頁、『ジュルナル・デ・デバ』による脚注から。

29 シオー、前掲書、第三巻、二二三頁に引用された、八月十日以後のパリ市民への声明。

30 一七九一年の憲法、第三編第一章第二節第二条

31　一七九〇年一月十五日、ポンティヴィーのブルターニュ連盟祭の誓約。ベル氏『フランス革命』第二十八巻、二五頁から引用。

32　『モニトゥール』、リプリント版、第十四巻、七頁

33　共和暦三年メシドール十六日の議会審議。『モニトゥール』、リプリント版、第二十五巻、一四九頁

34　共和暦四年ニヴォーズ二十二日、議員デュオは、毎年一月二十一日に五百人会議が王権への嫌悪を誓うよう布告を出させた。同様の宣誓が役人全員に強要された。

35　一七九二年七月四日から八日の政令。第十六条と十七条

36　一七九三年九月二十一日の政令

37　次のような表題の議事録より。『グヴィヨンの栄誉を讃えて一七九二年六月二十六日にフランコンヴィルで催された宗教的・市民的祭典』（日付なし、全二頁、国立図書館所蔵）

38　オータンの事例。ル・テオ氏の次の論考を参照。「オータンの祖国の祭壇研究」『フランス革命』所収、一八八九年、第十七巻、一八七頁以下。

39　祖国の祭壇は、その登場当初から宗教的な畏敬に満ちていた。一七九〇年十二月六日、シャン・ド・マルスの祖国の祭壇の花瓶の一つを遊んでいてひっくり返したアイルランド学院の学級に対して、愛国者らは不敬の声を上げ、犯人を厳罰にするよう求めている（トゥルノー『著述目録』第一巻、二〇三七番以下）。

40　シャルル・デュガによる再版『自由の木の愛国者の歴史』パリ、一八三三年、二四一頁以下（パリ市立図書館所蔵）

41　一七九〇年五月二十五日と七月十四日の『モニトゥール』

42　ジョルジュ・ビュシエール『ペリゴール革命史研究』一九〇三年、第三部、二六〇頁

43　ビュシエール、前掲書

44　この法律の第三条で次のように明示されている。「今後は、自由の木が倒された、ないしは自然に枯れてしまった郡の市町村はすべて、必要ならこの植樹を再生できる場合を除き、共和暦二年プリュヴィオーズ三日の法の表現に従えば、適した季節に生命力の強い木によって十年のうちに義務としてそれを交換しなければならない」。枯れた自由の木の交換時期は一月二十一日の祭りに固定された（第二条）。

45 オラール『公安委員会の活動』第十巻、五四六―五四七頁
46 一七九二年三月十七―二十四日、第百四十一号。赤帽に関する論説
47 一七八九年七月十六日の政令
48 一七九〇年六月二十日の政令
49 一七九〇年六月十九―二十三日の政令
50 一七九一年七月三十日―八月六日の政令
51 一七九二年五月十二日―十六日の政令、および同年六月十九―二十四日の政令（後者はコンドルセの提案による）
52 一七九〇年六月二十日の政令
53 一七九三年八月一日の政令
54 一七九二年八月十四日の政令
55 一七九一年九月二十七日―十月十六日の政令
56 共和暦二年ブリュメール十一日の政令
57 一七九二年九月三十日―十月五日の政令。これにより、Bourbon l と Archambault は、Burges-les-Bains に変更された。九二年十月九日―十一日の政令では、Bar-le-Duc が Bar-sur-Ornain に、同月二十五―二十六日の政令では、Vic-le-Comte が Vic-sur-Allier にそれぞれ変更された。九三年の二月二十二日の政令は、王権や封建制を連想させる改善の必要な地名リストを提出するよう命じている。
58 共和暦二年ニヴォーズ二十一日の公安委員会への書簡。オラール『公安委員会の活動』第十巻、一八四頁
59 一七九三年九月二十四日の委員会への書簡。オラール、前掲書、第七巻、三九頁
60 共和暦二年ブリュメールに編まれた『フランス民衆への共和主義抒情詩』（ロビネ『革命期パリの宗教運動』第二巻、四二〇頁から引用）。
61 共和暦二年ブリュメール九日の審議。オラール『ジャコバン協会』第五巻、四九〇頁
62 一七八九年八月二日に結成したリュイーヌの市民兵は、自らの役割に対する次のようないくつもの励みに勇気づけられたと証言している。すなわち「民衆の利益を擁護する国民議会の献身であり、愛国的動機であり、

ラリー＝トランダル、ミラボー、ヴォルネー、シェイエスらの徹底的で公平な議論であり、そしてバイイ、ラファイエット、ラボー・サンテティエンヌ、ムニエ、タルジェ、クレルモン＝トゥネール、その他多くの著名な真理・正義・自由の支持者たちの誉れ高き勇気・美徳・知恵に対して結局のところ人々が期待しているものすべて」である。『リュイーヌ市の行政および民兵に関する臨時憲法と祖国連盟についての法令――一七八九年八月二日の国民議会布告』（国立図書館所蔵）。

63 ド・ベル「ブルトンとアンジェの二連盟」『フランス革命』一八九五年、第二十八巻、三三一頁

64 ミシュレ『革命史』百周年版、第一巻、四六九頁

65 モーリス・ランベール『フランシュ＝コンテの連盟祭』パリ、一八九〇年

66 『国民議会におけるサン・ブリス、クラヴァン、ヴェルマントン等の国民衛兵』（国立図書館所蔵）

67 『一七九〇年五月二十七日、クラムシー郡の国民衛兵の連盟祭』（国立図書館所蔵）

68 『レンヌの駐屯部隊と国民衛兵の間で一七九〇年五月二十三日に催された連盟祭の議事録』（国立図書館所蔵）

69 『フランス革命』所収のディド氏の論文より。第一巻、九頁

70 『一七九〇年、ストラスブールの連盟祭議事録』市御用達印刷工、フィリップ・ダンバック社（ガジエ文庫）

71 モーリス・ランベール氏の前掲書『フランシュ＝コンテの連盟祭』より。

72 ランベール、前掲書

73 オラール「球戯場の誓い」『フランス革命』第十七巻、一八頁

74 私は以下の論述を次の公式議事録に負っている。『一七八九年と九〇年にヴェルサイユの球戯場協会がブローニュの森で祝った宣誓と市民祭の光景』（パリ市立図書館所蔵）

75 とりわけブールジュ、シャロン、ストラスブールの各市町村。

76 『モニトゥール』、リプリント版、第九巻、一二九頁

77 一七九一年九月二十九日―十月十四日の政令（第三部二十条）

78 少なくともロビネの次の書によればそうである。前掲書、第二巻、五一四頁

79 『八月四日の不滅の日に毎年祝われる国民の祭日』（パリ市立図書館所蔵）

80 この祭りは『村民便り』（一七九二年七月二十一日木曜日、第四十三号）で公にされた書簡でG・ロム自身が語っ

ている。

81 このテーマに関しては、『村民便り』（一七九一年十月六日木曜日）に掲載されたセモンセルの司祭ダレの書簡を参照。

82 『モニトゥール』、リプリント版、第九巻、七〇頁による。

83 『モニトゥール』、リプリント版、第九巻、七七四頁

84 『モニトゥール』、リプリント版、第七巻、二六三頁

85 一七九一年四月四日―十日の政令

86 ルイーズ・フェルプス・ケロッグ嬢のメモワールを参照。『フランス革命』、一八九九年、第三十七巻、二七一頁以下。

87 『村民便り』、一七九一年七月二十一日木曜日、第四十三号

88 『モニトゥール』、リプリント版、第十二巻、一三九頁

89 『エタンプ市長J・シモノーの思い出のために一七九二年三月十八日の国民議会の政令による祭典のためのパリ市議会法令案』（パリ市立図書館所蔵）

90 一七九二年五月十二日―十六日の政令

91 アンジェでスピーチしたのはラ・レヴェリエールだった。『一七九二年四月十日に遵法と引き換えに命を落としたエタンプ市長ジャック・シモノーの名誉を讃え、ラ・レヴェリエール＝レポによってアンジェで催された葬式の議事録』出版地不明、全二五頁（アンジェ市立図書館）

92 一七九二年三月二十二日号の『村民便り』に掲載された、ル・アーヴルで催されたこうした式典の一例を参照。

93 『一七九二年六月二十六日にフランコンヴィル・ラ・ガレンヌで催された市民の宗教式典』全一一頁（国立図書館所蔵）

94 『モニトゥール』、リプリント版、第三巻、二九五頁。当局はすでに十月事件〔ヴェルサイユ行進〕での愛国的行動からブージュという一夫人にメダルを贈っている。『モニトゥール』、同上、二八一頁

95 『モニトゥール』、リプリント版、第十二巻、七二七頁。

96 『J・ボセによる、聖書から抜粋した類似の文章付き愛国祈禱』出版年不明、全一〇頁（ガジエ文庫）

97 『村民便り』、一七九一年十一月十七日号
98 『村民便り』、一七九二年三月二十九日号
99 『一七九〇年七月十三日、パリのムッシュー座で上演された、余興付き二幕物の国民戯曲』全五四頁
100 『一七九〇年七月にパリのアソシエ座で上演された一幕物の歴史物語』全五五頁
101 『一七九〇年十一月二日火曜日、アンビギュ＝コミック座で上演された三幕物のスペクタクル劇』一七九〇年。
102 『一七九〇年七月十二日、パレ・ロワイヤル劇場で上演された歌曲付き一幕物の喜劇』一七九〇年。
103 『イタリア座前で一七九一年三月に上演されたグレートリーの歌曲付き三幕物のドラマ』
104 『一七九一年四月十五日にイタリア座で上演された一幕物の喜劇』
105 イタリア座、一七九一年七月三十一日
106 『一幕物の歴史物語』、一七九〇年七月十日、モリエール座
107 『三幕物の国民悲劇』、一七九一年六月十八日、モリエール座
108 『プロローグ付き韻文形式の挿話的戯曲』一七九一年九月十四日、モリエール座
109 『一幕物の韻文形式の新戯曲』、一七九二年十一月二十一日、フランス座
110 『歌を交えた三幕物の喜劇』トリアルの音楽、一七九二年十一月二十一日、オペラ＝コミック座
111 『歌とダンスを交えた大仕掛け二幕物の歴史物語』、一七九二年十一月、アンビギュ＝コミック座
112 『風刺歌を交えた一幕物の喜劇』、一七九二年十月二十日、王宮ヴァリエテ劇場
113 『共和国の勝利――グランプレの野営、フランス共和国共和暦第二年一月二十七日、音楽アカデミーによって上演された一幕物のオペラ余興』（バルビエによればシェニエ作）、一七九三年
114 『モニトゥール』、リプリント版、第九巻、一二九頁
115 『モニトゥール』、一七九〇年十月二十日号より。この戯曲は十月十五日に上演された。
116 レヴィ・シュナイデル『国民公会議員ジャンボン・サンタンドレ』一九〇一年、八九頁に引かれた、『ニーム・アカデミー回想録』第七編第十六巻、一三二頁。
117 『一七九一年二月十日木曜日、国民議会で表明されたクェーカー教徒協会の友人の丁重な陳情』（国立図書館所蔵）。議長は社会的準則から彼らの宗教原則を区別し、陳情者らに誓ってこの要請は討議にかけると返答した。

118　職業が喜劇役者という理由だけで結婚式を拒否したサン・シュルピスの司祭に対して行った喜劇役者タルマの抗議を検討していた、デュラン・ド・メイアンヌは「法の観点から見て、いかなる婚姻も法が命じるような形式であればその結婚当事者が行う宣言だけで有効である」と勧告した（国立図書館にある彼の報告書を参照）。議会はこの案を温かく迎え入れたが、正式には採択しなかった。ただし、次の文言が憲法に盛り込まれた。「法律は婚姻を民事契約としかみなさない」（九一年憲法第二編第七条）。

119　一七九一年九月十―十二日の政令

120　彼の書簡は次の論集で出版された。『ロベスピエール宅で発見された文書』一八二八年、三巻本、第一巻、一一七頁

121　オラール『ジャコバン協会』第一巻、三八二頁以下。一七九〇年十一月二十六日の審議。「再び燃え上がる恐れのあった狂信の炎を永久に鎮火するための最も確実な手段は、甘美な婚姻を結ぶことを司祭に許可し、彼らを自然状態へと連れ戻すことである。そうすれば、彼らは品行を身につけ、模範的な徳を説き、僧職が集める敬意のおかげで宗教がもっと尊重され、人間的な感情を持つぶんだけ司祭にもっと穏やかな見識が備わり、社会の利益とは相いれない利益が放棄されるだろう。その時に彼らは人間となり、市民となるのだ……」。

122　『回想録』第一巻、六〇頁

123　そのいくつかの手がかりが、トゥルノーの『著述目録』第三巻、三八六頁以下にある。時期的に早いものの中から、次のものを引用しておこう。複数のアカデミーの会員で、聖トマス会修道女の裁判管区委員ユーグ・ド・バスヴィユ氏の『同胞への国民の叫び――司祭を市民にせよ』パリ、一七八九年、全八六頁（国立図書館所蔵）。そして『バイヤージュ・ダヴァルの清廉の士すべての陳情書』全八頁（パリ市立図書館所蔵）。この後者のパンフレットの第十九条はすべて韻文形式でこうなっている。「田園のなかで一人何をしよう？／精霊は役立たず、悪霊はいたずら好き／わが司祭に田園を与えてごらん／子供への口づけはなんと甘美なことよ！」

124　ポパンクール大隊、パリの国民衛兵付司祭フランソワ＝エチエンヌ・ベルネ師は一七九〇年に結婚（ロビネ、前掲書、第二巻、一八頁）。コレージュ・ド・フランス教授ド・クルナン師は一七九一年九月に結婚（同上、一二三頁）。彼に倣って、エルベリ、オーベール両師も一七九一年末に結婚（同上、一二三―一二四頁）。

125　『オセール県（ママ）、サント＝パレイユの主任司祭カレ氏による国民議会宛フランス語での公共礼拝』

一七九〇年三月一日（国立図書館所蔵）。カレは自分の嘆願を補強するために全国三部会の陳情書からの抜粋を引用している。ヴェルマンドワ地方サンカンタン町の例。「支配的宗教の野外礼拝は同じ祭典、同じ教理問答、そして同じ聖務日課書を作っていてなんと統一感があることだろう」（六頁）。マント・エ・ムラン地域〔イル・ド・フランス北西部〕の例。「第三身分を満足させるには、典礼を共通なものにしてほしいという彼らの願いについてわれわれは述べねばなるまい。感情はどれも一様であることをわれわれに示してくれるこの願望について今日は喜んで話したい。というのも礼拝の仕方自体も統一が望まれているからである。この声明が三百年前に出されていればよかったのだが……」（二五〇頁）。パリ市外の例。「公の祈禱はフランス語で行われることが望ましい」（三〇頁）。

126 オラール『ジャコバン協会』第一巻、四四一頁に引かれた、『フランス愛国者』一七九〇年十二月二十九日号から。

127 『村民便り――全市民の気になる法、事件、発見をフランス全村に周知させる週刊紙』一七九〇年九月三十日創刊号。この新聞に関する詳細はトゥルノー『著述目録』第二巻、一〇五七一番を参照。

128 この新聞の創刊号の巻頭には二枚の版画が置かれた。一枚は愛国司祭が、もう一枚は学校教師が描かれていた。二人とも教会の前に集まってくる〔文盲の〕農民たちにこの新聞を読んで聞かせることができたからである。

129 一七九一年四月二十八日木曜日、第三十一号

130 強調は原文。

131 バルダンが市会で採択させた法令で彼自身が使った表現。この法令は一七九一年五月五日の第三十二号で公表された。

132 そのほかの寄稿者にはシャルル・ド・ヴィレット、ピエール・マニュエル、アナカルシス・クローツがいた。

133 ルスタロの死後は、シルヴァン・マレシャル、ファーブル・デグランティーヌ、ソントナ、ショーメットらが編集者となった。

134 H・ボウリ「アナカルシス・クローツ――歴史家・理論家」『フランス革命』第四十一巻、三二一九頁に引かれた『パリ時評』一七九〇年三月二十九日号。以下の情報はこの同じ論文から得ている。

135 アナカルシス・クローツによる、ジャコバン・クラブの一会員の動議。一七九〇年三月十八日、パリ。オラー

ル『ジャコバン協会』第一巻、三三一頁より。

136 H・ボウリ、前掲論文、三三二頁で引かれた、一七九〇年三月二十九日号『パリ時評』寄稿者への書簡。

137 パリ、一七四〇年、全一四〇頁。このパンフレットは匿名だが、国立図書館が所蔵しているものには表紙に「ネジョン筆」と書かれている。

138 『国民議会への請願書と銘打たれた文書の予防策』（国立図書館所蔵）

139 そのパンフレットの表題は『司祭なき礼拝規則、あるいは司祭不在でも礼拝を損なわない方法に関する国民議会の政令』一七九〇年、パリ（国立図書館所蔵）。その表紙にはシルヴァン・マレシャルによる次の銘句がある。「長年知識を積み、自分の多くの子供の生活を導いてきた清廉潔白な一人の老人のほうが、司祭以上に徳を教えるのにうってつけではないか？　彼のほうが神聖な性格を帯びていないか？」

140 『司法官＝司祭』、出版地、出版年不明、全一六頁（国立図書館所蔵）

141 『著述目録』第三巻二章でトゥルノー氏はそのうちのいくつかを指摘している。

142 『モニトゥール』、一七九二年八月三十一日号より。この号にはその書物の第二版の告知が載っている。

143 『今回の革命と聖職者市民法におけるラブレーの権威について――〈ガルガンチュワとパンタグリュエル〉から引用された王室・政治・教会の諸制度』パリ、一七九一年（国立図書館所蔵、バルビエによればジャングネ筆）

144 トゥルノー『著述目録』第三巻、一五五一九番―一五五二五番まで参照。

145 『専制政治の葬送――わがブルトン人愛国者に捧げる第二の国民祭たる貴族の葬式……』一七九〇年（パリ市立図書館）。

146 オラール『ジャコバン協会』第二巻、四頁の通達を参照

147 オラール、前掲書、第二巻、五〇一頁の総会報告を参照

148 この指摘はすでにヴィクトール・ムーラン氏がソルボンヌに提出した学位取得論文で行っている。「革命家たちが定期的な祭りを組織しようと決意した要因は、連盟運動による自発的な祭典、つまり現実の出来事なのであって、公共祭典に関するルソーの理論なのではない」（パリ大学。歴史・地理学部門高等教育免状取得のために文学部に提出された学位論文）。この論文の表題は以下である。文学修士ヴィクトール・ムーラン著『共和暦創設までの革命期における市民・国民の祭典の制度化』（パリ、一八九六年）

149 彼は、王の人格は神聖・不可侵にして王位も世襲だと宣言する憲法の条項を批判している。
150 『一七九〇年七月十四日の国民連盟――厳粛な儀式を伴った公共祭典の忠実な叙述』パリ、一七九〇年（パリ市立図書館所蔵）。この定期的著述はたった三号で終わった。この引用は第二号から。
151 『村民便り』第四十三号、一七九一年七月二十一日木曜日
152 パリ、一七九一年（国立図書館所蔵）。この文書に関しては一八九三年九月十四日の『フランス革命』所収のH・モニの批判的研究を参照。この仕事がミラボーのものなのか、あるいはカバニスのものなのか、それはわれわれのテーゼにさして重要ではない。いずれにせよその影響に変わりはない。また、ミラボーはカトリシズムを排除したかたちの公共祭典の創設を提案した誠実な男であったのか、あるいは逆に愛国者にわなを仕掛け、過激な手段へけしかけた張本人だったのかについても問題としない。ロビネ博士は前掲書、第二巻の一四頁以下で後者の説を支持していたようだが、われわれが考察したいのはあくまでこの刊行物の影響である。
153 自由の殉教者に関しては本書第一部第十章を参照。
154 道徳祭に関しても前掲同箇所を参照。
155 演劇の催しはすでに市民祭と融合していた。本書第一部第十一章を参照。
156 これは共和暦の五日間の補足日のために予定された国民展覧会の考えである（ファーブル・デグランティーヌの報告）。共和暦六年末にフランソワ・ド・ヌフシャトーによりそれは実現された。
157 「あの不滅の日を思い出してほしい。王国全土から憲法の子供たちがわれわれの目の前で不屈の忠誠を誓うために夢中になって駆けつけたあの日を。あの感動的な光景の数々を思い出してほしい。その舞台は首府だったのに、はるか遠くの田舎まで、いやそれどころか彼方の諸国民にまで一種の共感と感化をもって繰り返し語られているあの光景を。この日、諸君が目の当たりにしたのは、人間の新しい関係ではなかったか？……。諸氏よ、同じ土地で直後に催された葬式（一七九〇年九月二十日、ナンシーで殺害された国民衛兵の式典のこと）についても私はお話ししたい……」。以下同じ話が最後まで続く。
158 『公教育に関する報告書』パリ、一七九一年
159 一七九一年憲法、第一章
160 委員としてヴァンデとドゥー・セーヴルに派遣されていたジャンソネとガロワの報告を参照（一七九一年の

161 十一月十日の『モニトゥール』に掲載)。

162 カーンでの事例。ロビネ、前掲書、第二巻、七八頁

『宗教のために合法的に負担を強いられている国民』出版地・出版年不明(国立図書館所蔵)。末尾に署名がある。「数学教師ゴドフロワ氏、ラ・ブラッスリー小路突当り、トラベルシエ通り、ル・マレシャル出版、トランブレ印刷、バス・サンドニ通り二番地」。このパンフレットの日付はその内部に書かれている。この著者は立法議会と同様、もうじき招集される議会にも訴えている。

163 『宗教礼拝およびそれと政府との関係に関する見解』一七九一年、カリクスト・ヴォラン印刷、ノイエ通り、三十八番地、全一六頁(国立図書館所蔵)

164 一七九一年十月二十二日号、『モニトゥール』、リプリント版、第十巻、一六六頁

165 これについては『モニトゥール』での議論を参照

166 国王の裁可なき政令

167 デュヴェルジエの法令の序文

168 十月二十一日の審議。『モニトゥール』、リプリント版、第十巻、一八八頁

169 十月二十一日の審議。『モニトゥール』、リプリント版、第十巻、一八九頁

170 十月二十一日の審議。『モニトゥール』、リプリント版、第十巻、一八九頁

171 『モニトゥール』はユレ〔Huret〕と書いている。二人のユゲがいた。一人はクレーズ県の議員で、もう一人はアルデンヌ県の議員である。クシンスキー『立法議会議員』(一九〇〇年)を参照

172 十月二十四日の審議。『モニトゥール』、リプリント版、第十巻、一九九頁

173 十月二十六日の審議。『モニトゥール』、リプリント版、第十巻、二一六頁

174 十月二十七日の審議。『モニトゥール』、リプリント版、第十巻、二二七頁

175 十一月三日の審議。『モニトゥール』、リプリント版、第十巻、二八四頁

176 十月二十六日の審議。『モニトゥール』、リプリント版、第十巻、二一八頁

177 十一月三日の審議。『モニトゥール』、リプリント版、第十巻、二八七頁

178 『モニトゥール』、リプリント版、第十巻、三七四―三七五頁

179 なるほど、イスナールは『モニトゥール』紙上で自分は無神論者ではないと抗弁しているが、時を経てからのこの弁明は政治的なものであったように感じられる。『モニトゥール』、リプリント版、第十巻、四一五頁
180 『モニトゥール』の注によれば、この条項を読み上げた時に喝采が鳴り響いた。『モニトゥール』、リプリント版、第十巻、三八八頁
181 九月二十一日の審議。『モニトゥール』、リプリント版、第十巻、四三四頁
182 九月二十一日の審議。『モニトゥール』、リプリント版、第十巻、四三五頁
183 『モニトゥール』、リプリント版、第十巻、四三六頁
184 九月二十四日の審議。『モニトゥール』、リプリント版、第十巻、四七一頁
185 一七九一年十一月二十三日の政令、第十七条。
186 こうしたパンフレットの大半は公教育委員会に送られた。これらの情報についてはJ・ギヨーム氏の選集にあたられたい。
187 『国民議会およびヴィエンヌ県の農村市町村・住民に宛てたシャテルローの議員クルゼ・ラトゥシュの書簡』セルクル・ソシアル印刷、第三版、一七九一年（国立図書館所蔵）
188 一七九二年一月三十日の書簡。J・F・ライヒャルト『私信』ラカント訳、一八九二年
189 ラ・レヴェリエール『回想録』第一巻、九三頁以下
190 ラントナス『公教育の基幹部門としての民衆協会』セルクル・ソシアル印刷、一七九二年。奥付に一七九二年二月二十八日の日付がある。ラントナスの研究は最初に『クロニック・デュ・モワ』に載った。
191 オラール『ジャコバン協会』第三巻、五七七頁
192 『モニトゥール』一七九二年五月二十二日号附録に載った彼の議会挨拶を参照。リプリント版、第十二巻、四四九頁。「諸君〔民衆協会〕の模範行動と演説によって穀物が自由に流通し、課税が行われ、狂信が消え去るよう！　年齢性別関係なく大勢の人々を諸君が集める議場で何度も繰り返し朗読し、集会で説明すれば、フランス民衆に特に向けられている不滅の教育および、人類を讃える正義と善の感情が息づく良書はわが兄弟たちすべてに身近なものとなるだろう……」。
193 たとえばフェカン市当局の場合はこうである。「共和暦第一年、一七九二年十月四日フェカン。内務大臣市

民ローラン宛。あなたの書面の表現に従えば、革命の教説を広めるために民衆は集まってわが地区のそれぞれに一人ずつ朗読者を指名しました。まずトリニテ地区の名士、市民ルスレ。次にサンテチエンヌ地区の商業裁判所判事、市民ル・ボルニュです。あなたが直接彼らと連絡を取ってくだされば存じます。常設市議会」(国立古文書館所蔵)。市議のサインがこれに続く。

194 『エチエンヌ゠マリ・シオーヴによる、共和暦四年六月十日の愛国伝道中に行われた民衆協会に関する演説』リヨン、J・A・レヴォル印刷、一七九二年。(国立図書館所蔵)

195 S・ラクロワ『パリ自治市会法令』によれば、一七九一年十二月二日。少し前の十一月十六日に、ペティオンが市長に任命された。十二月七日にはダントンが自治市会の検事代理に最後に選ばれた。

196 『パリ時評』、一七九〇年十一月一日号。ロビネ、前掲書、第二巻、二九五頁

197 『国民議会でシャルル・パリソが表明したいくつかの宗教信条に関する重要問題』一七九一年(国立図書館所蔵)。年号は最終頁にあり。パリ、十二月一日。このパンフレットは共和暦四年に再版され、敬神博愛教徒に献呈された。

198 オラール『ジャコバン協会』第三巻、六七頁。パリソは自分のパンフレットの末尾に掲載した友人宛ての手紙のなかで、その辛辣な考察が起こした紛糾について熱く語っている。「まったくもって、司祭たちはジャコバン派に感謝決議をおこなってしかるべきだ。司祭は少なくともわれわれを一世紀後戻りさせたというのに……。大胆に民衆を啓蒙できないほど世間は司祭をなおも恐れていることを知れば、どれほど司祭は自分たちが恐るべき存在なのかがわかろうに! ロベスピエール氏は……時間〔が解決してくれるからそれ〕に任せよという。だがまさに司祭が望んでいるのがこれであり、彼らはひたすら時間だけを要求し、その重要性を熟知している。……勇敢なマニュエルは一人英雄のごとく語りだし、ロベスピエールに対して猛然と抗議した。彼は私自身を含めた多くの喝采を浴びたが、やはり最後はわれわれは司祭に従わされた。ジャコバン派内部で人身御供の最後の犠牲が払われた……」。

199 オラール『ジャコバン協会』第三巻、三六二頁。

200 一七九二年三月二十八日号の『ジュルナル・デ・デバおよび憲法友の会通信』の議事録を参照。オラール『ジャコバン協会』第三巻、四五一―四五二頁より。

201 適切にもジョレス氏が指摘したように、ロベスピエールの理神論には、「民衆の魂、貧民の慎ましい良心に対する一種の淡い畏敬の念」が感じられる。「民衆の偏見や誤謬を横柄な態度で許容する」その他の革命家たちとは逆に、ロベスピエールは「その偏見につき添って、彼らの目線にまで身を落としていたように見える……」。『フランス大革命史』第一巻、二四四頁

202 『モニトゥール』、リプリント版、第十二巻、三六九頁

203 一七九二年五月三日木曜日の『村民便り』、「寛容の進歩」に関する論文。

204 前掲紙、一七九二年五月三十一日、第三十六号

205 一七九二年四月七日―十四日号

206 一七九二年五月二十六日―六月二日、第百五十一号

207 この法令については、ロビネ、前掲書、第二巻、二〇三頁以下を参照。

208 この通達については、ロビネ、前掲書、第二巻、二〇四―二〇五頁を参照。

209 ロビネの前掲書、第二巻、二〇六―二〇七頁に掲載された文書による。立憲司教ル・コズは議会の決定に非常に苦しんだ。一七九二年六月六日の私信で、彼は「その最も熱心な擁護者を自称している連中」の側からの、立憲派カトリシズムを標的にした中傷と侮辱に苦々しい気持ちで反論している。ル・コズ『書簡集』ルーセル神父編集、第一巻、一九〇〇年、三四頁

210 たとえば、六月七日の『フランス愛国者』のコンドルセ論文。

211 オラール『ジャコバン協会』第三巻、六四九頁以下

212 この協会の『ジャーナル』から。ロビネ、前掲書、第二巻、二〇四頁、脚注一

213 第三号。ロビネ、前掲書、第二巻、二一九―二二〇頁からの引用。

214 一七九二年六月九日号。ロビネ、前掲書、第二巻、二一九頁より。

215 一七九二年六月十日号。F・J・オザンヌの署名付き書簡。ロビネ、前掲書、第二巻、二一四頁より。

216 オラール『ジャコバン協会』第四巻、一五五頁

217 ジョレス氏は立法議会末期の革命派聖職者のこうした精神状態を次のように描いている。「聖職者たちは、革命の必然的帰結として立法議会が公認礼拝をすべて廃止するのではないかと予感した。旧慣行の崩壊のきざ

しが教会の規則や典礼の次元にとどまらず信仰そのものにまでおよび、そして民衆が聖職者市民法の明瞭とは言い難いやり口にもはや痺れを切らし、最終的に宗教的なつながりをすべて断ち切ってしまうのではないかと、彼らは恐れ始めたのだった…」。ジャン・ジョレス『フランス大革命史』第一巻、二一八頁

218　一七九二年一月二十六日と二月十四日。オラール『ジャコバン協会』第三巻、三四五頁と三七四頁

219　国民議会代議員アレクサンドル・ド・モワ著『自由国の宗教・礼拝協定』パリ、共和暦四年、サンローラン司祭館および新刊書販売書店。全一四四頁（国立図書館所蔵）。第一版はわら半紙のような紙質だったがすぐに出た第二版は上質紙に代わり、文字も鮮明になった（全一一〇頁、セルパント通り、ガルネリ書店）。『パリの革命』紙の指摘に応えて、ド・モワは第二版では「サンローランの主任司祭」と署名している。以下の文章は第二版からの引用である。

220　聖体祝日の行列に関する法令をみれば、マニュエルがひたすらド・モワのこうした原則を実行に移していたことがわかる。

221　僧服の廃止を命じる四月六日の政令はド・モワが提案した原則を実行に移したものにすぎない。

222　八月十日を経て、パリ自治市会はこの計画を実行に移す。

223　墓地に関するその有名なフーシェの法令は、ド・モワの勧告を実現したにすぎない。

224　イスナールはすでにこの「ミサをする」messerという新語を使っていた。本書一〇九頁参照。

225　この書の第二版はすぐに出された。内務大臣ローランはそれを各県に配布させたようである（『パリの革命』第百三十五号、二八〇頁）。カトリックの立憲司祭たちは中傷文の論駁に躍起となり、著者に罵詈雑言を浴びせた。次の一連の文書を参照。『パリの助任司祭からド・モワへの手紙』全四七頁（国立図書館所蔵）。『ド・モワ氏の誹謗文書を考える』パリ、共和暦第四年（国立図書館所蔵）。『ド・モワの信仰告白』パリ、一七九二年、全六〇頁（国立図書館所蔵）。

226　第百三十五号、二七七頁以下。

227　この報告書は『モニトゥール』一七九二年四月二十八日号に全文掲載された。リプリント版、第十二巻、二二九頁以下。

228　『モニトゥール』、リプリント版、第十二巻、二二五頁

229 一七九二年四月十七日、彼はグヴィヨンの代理として出席していた。

230 共和暦四年、一七九二年五月十五日（十六日の誤り）、パリ選出議員ド・モワ氏による『司祭に関する演説と政令案』国民議会の命による印刷、合冊本第十三号（国立図書館所蔵）。『モニトゥール』の議事録（リプリント版、第十二巻、四〇七頁）は些細な違いを除けば公式文書と変わりない。

231 ル・コズは次のような言葉で彼を遮った。「こんな議論を平然と議会は聞くことなどできない。この討論者のいっていることは憲法に反している」。

232 『モニトゥール』、リプリント版、第十二巻、四〇八頁

233 以下は『モニトゥール』からの私の要約である。

234 国王は十一月の時と同様、この政令に反対した。分離派は新聞やパンフレットを使ってプロパガンダを継続した。『パリの革命』は「ド・モワ司祭の賢明な動議」（一七九二年七月十二―十九日、第百四十九号）を賛辞をもって分析している。トゥールーズ出身のフィリップ・レイナルなる人物は『宗教的自由に関するフランス一市民の意見』（国立図書館が所蔵する原本には一七九一年と手書きされているが誤り）というパンフレットでド・モワの議論を蒸し返している。同様の思想は、『主権宗教』（パリ、一七九二年、全二九頁、国立図書館所蔵）でも展開されているが、バルビエはド・モワ本人がその作者だとしている。

235 J・ギヨーム『立法議会の公教育委員会議事録』、一八八九年、一八八頁以下。

236 ギヨーム、前掲書、一九二頁〔『フランス革命期の公教育論』阪上孝編訳、岩波文庫、二〇〇二年、一九頁〕。公教育委員会は四月二十一日の同日に、国民の祝日に関する政令案を立法議会に提出するよう決定した（ギヨーム、二五〇頁）。一七九二年五月十一日に委員会が再編されたとき、そのセクションの一つが専門的に国民の祝日を担当することになっていた（前掲書、二九一頁、脚注三）。翌日の五月十二日に、委員会の報告者キャトルメールはシモノーの祭典に関する政令案を立法議会に提出し、次のように言い添えた。「公教育委員会は、諸君から一般教育法規を提示するよう委託されました。そこでわれわれは次の二点をしっかり心に留めました。まず、市民の祭典は年齢性別の区別のない万民の陶冶の場であること。次に、大事件が起こった時期に王国全土で催される定期的な祝典は、すべての美しきものを愛し、手本とするよう魂を促すのに可能な限り最も強力な装置だということです。われわれ委員会は、この厳粛な期間が間違いなく時とともに憲法の最も強力な支え

となり、これら気高い制度の諸要素が依拠しているのもとりわけこの憲法の精神であることを理解しています。そこでわれわれが諸君に提案したいのは、自由を讃える祝典と、自由な人間の真の神格である法を讃える別の祝典であります……」J・ギヨーム、同上、二八四頁。

237 第二章、第七条。J・ギヨーム、前掲書、二二八頁

238 J・ギヨーム、前掲書、一九四頁、脚注〔前掲訳書、二三―二四頁。一部訳を変えた〕。コンドルセはすでに一七九二年の計画で、宗教教育を学校から完全に排除している。

239 国立古文書館所蔵文書より。

240 『パリ市の建築家ポワイエ氏による国立競技場と例年祭の計画』パリ、一七九二年、全二四頁（パリ市立図書館所蔵）。

241 『フランスのパンテオン――国民が偉人の記憶に授ける公の名誉に関する演説』ディジョン、一七九二年、全一五頁（国立図書館所蔵）。

242 『モニトゥール』、リプリント版、第十二巻、七〇八頁にあるゴイエの演説。

243 ジャン・ジョレス『フランス大革命史』第一巻、二二七頁

244 この法令は全文次の著作に掲載されている。モーリス・トゥルノー『パリ自治市会議事録』一八九四年、五四―五六頁（八月二三日の審議）。

245 ジャン・ジョレス『フランス大革命史』第一巻、一五頁、およびモーリス・トゥルノー『パリ自治市会議事録』一八九四年、三五頁（八月十七日の審議）。

246 一七九二年十一月十日―十七日の『パリの革命』に掲載された法令を参照。

247 一七九二年七月十九日―二十五日の政令

248 「私は次の中傷文を告発する。セーヌ・アンフェリエール県の司教M・グラシアン著『司祭の禁欲に関する司教訓示』。彼はすでに多くの市民、特に田舎の住民を狂信者にしてきた実績を持つ。この県のある主任司祭は、有徳にも妻をめとろうとしたせいであわや自分の教区民の激しい怒りの犠牲になりかけた。私は判事が裁判所に対してこの県の司教を起訴するよう要求する。それに加えて、人権や法に反する文書を出版する司祭はすべて俸給の没収もお願いしたい」。議会はルジョーヌの提案を法制委員会にまわした。『モニトゥール』、リプリン

ト版、第十三巻、四二〇頁
249 一七九二年八月十八日の政令。第一章第九条
250 ルードヴィック・シオー『聖職者の市民憲法史』第三巻、二二三頁に引かれた『ジュルナル・デ・デバ』より。
251 一七九二年九月七—十四日の政令
252 一七九二年八月十八日の政令。モンターニュ派は、この金を使ってのちにジロンド派の作家に補助金を出していた廉でローランを非難した。一七九二年十二月十二日、シャルはジャコバン派に対して、意見蒐集のために作られた、公共精神の形成のための委員会を告発している。バジールも次のように叫ぶ。こうした制度は「宗教的見解の自由に反している。なぜなら市民の金を使ってこうした委員会を作るのは、市民が納得しない仕事に無理やり金を出させることだからである」。オラール『ジャコバン協会』。
253 一七九二年九月十六日、ヌフシャテル(セーヌ・アンフェリエール県)の市議はローランに次のような手紙を出した。知識人の間に恐ろしいほどの興奮を呼び起こした十日の日に、自分たちは毎晩夜七時にオピタル・サン・トマ教会で民衆教育を行うことを決めたが、その理由は民衆に彼らの義務を教え、民衆をだまして恐怖をあおるために出回っている嘘に用心させるためである、と」(国立古文書館所蔵)。
254 『モニトゥール』、リプリント版、第十三巻、四二五頁
255 トゥルノー『著述目録』第一巻、二八六頁にある、この式典に関する一連の文書情報を参照。
256 それを印刷した議事録はパリ市立図書館の合冊本のなかにある。
257 オラール『革命政治史』四六八—四六九頁

ロベスピエールと最高存在の崇拝[一]（一九一〇年）

1

自由思想の持ち主である諸君を前に、今日この〝清廉の士〟について、とりわけ彼の宗教思想について語ることは無謀な試みに映るかもしれない。[1] 少なくともここ二十年ばかり、それほどまでにロベスピエールの人物評価は共和主義の歴史家によってさえ歪められてきた。

彼らによれば概して、ロベスピエールは低能な旧体制の人間であり、カトリシズムの偽造品である理神論を国家宗教に仕立て上げ、それを恐怖政治でフランスに押し付けて国を支配しようとした冷淡な野心家ということになる。

私に許されたこの短い時間で、諸君を前にいまここで、ロベスピエールの宗教政策全般を、しかるべき史料と明白な証拠でもって検討しようなどと考えているわけではもちろんない。せいぜいそのなかの一例を取り上げるだけで精一杯だろう。それは最高存在の崇拝を確立する際にロベスピエールが演じた役割は正確には何だったのかということである。というのも、この役割こそ、すべてのロベスピエール批判者が常に標的にしているポイントだからである。

ロベスピエールを敵視している共和主義の歴史家たちはなんといっているだろうか。彼らは最高存在の崇拝を理性の崇拝に対置させる。彼らが手放しで称賛するのは理性の崇拝だ。それはエベール派独自の創造物であって、汎神論的で無神論的ですらある崇拝、つまり知的解放の手段なのである。だがそれとは逆に、最高存在の崇拝はロベスピエールの果てしない野心とその神秘的情熱を満足させるために、彼自身がまるごと生み出した発明品、政治的屈服と知的反動の企てということになる。

ところで、この二つの革命礼拝を対立させるのは、それが通説とされるにはやはり正しいとはいえない。理性の崇拝は、ショーメットやフーシェ、エベール、クローツといった複数の人々の、あるいは一党派の発明品であったどころか、一七九〇年七月十四日の全国連盟祭までその起源をたどることのできる一連の市民祭典の当然の帰結にすぎなかったからである。[2] 実際、理性の祭典はそれ以前のあらゆる祭典と類似している。同様の讃歌が歌われ、同様の行列が繰り広げられ、同様の共和主義のシンボルが掲げられ、それを目にした人々の魂は同様の祖国愛の感情によって揺さぶられた。革命自治市会《コミューン》と国民公会がパリのノートル・ダム大聖堂で理性の祝祭を上げた共和暦二年ブリュメール二十日〔一七九三年十一月十日〕に、何か目新しいものがあっただろうか。式典を行うために選ばれた場所が聖堂だったということさえ新しいとはいえない。似たような光景はこれ以前にもすでに教会で行われていたからだ。もちろん新しいこともあった。この祭典によって立憲派カトリシズムが没落し、教会が転用され、司祭職が放棄されたからである。

しかし、立憲教会の崩壊ですらエベール派だけの手柄だったというわけではない。ピエール・マニュエル、ガデ、ヴェルニヨのようなジロンド派自体も、立法議会以来、熱心にその活動に参加していたからである。

　ゴベルがパリ大司教職を正式に放棄した一件〔一七九三年十一月七日〕は、非キリスト教化運動に弾みをつけたが、それもエベール派独自の成果というわけではなかった。なぜならゴベルの聖職放棄はペレイラ、プロリおよびその友人たちのイニシアティヴから生まれたからである。さらにあまり知られていない無名の党派もそれに一役買っていた。セクション〔地区〕の民衆協会に中心的な足場を持ち、その民衆協会の主導権がチュリオやバジール、シャボといった有名な穏健派に支えられたグループがそれで、一時は革命自治市会《コミューン》や国民公会からも一目置かれるような存在だった。[3] このようにショーメット、クローツ、エベールといったエベール派は、各セクションの無名の愛国者や、場末のサンキュロットの見知らぬ群衆にどこまでも追従したにすぎなかったというのが、事の真相なのである。

　最後に、これはロベスピエールを個人的に敵視しているオラール氏自身が確認した事実であるが、人々はロベスピエールの許可を待たずして、自然・自由・祖国・理性と同様の資格でこれらと一緒に理性の寺院で最高存在が拝まれていたという点である。われわれの手元には理性の寺院で行われた数多くの演説が残っている。それをみると、汎神論者、いわんや無神論者の声明はほとんど稀である。歴史を作り、その時代を生きた当時の人々よりも、われわれのほうがその歴史をよく知っているなどと主張することはできない。当時の人々はこの二つの革命礼拝を区別せずに一様に同じ名前で呼んでいた。彼らにとって、最高存在の崇拝は理性の崇拝の修正版、その焼き直しにすぎなかったのである。それは同じ崇拝であって、常に継続し続け、完成を目指す同一の制度であった。

元エベール派や元ダントン派からなるロベスピエールの批判者たちは、あとになってからテルミドール九日のクーデターを正当化するために、宗教思想を支配の手段に利用する一人の独裁者として彼らの犠牲者〔ロベスピエール〕を努めて描こうとした。最初に「ロベスピエール＝大司祭」を語り始めたのも彼らだった。つまりこの「清廉の士」は容赦ない論敵たちの証言をもとに常に判断されてきたのではあるまいか。

こうした中傷を一掃するには次の簡単な指摘で十分であろう。すなわち、最高存在の祭典〔一七九四年六月八日＝プレリアル二十日〕が行われた翌日までは、このいわゆる独裁者がかつてこれほど問題視され、攻撃を受け、貶められたことはなかったという点である。プレリアル二十日の祭典〔最高存在の祭典〕の翌日から、ロベスピエールに対する抵抗が公安委員会のなかにまで起こった。この抵抗運動は宗教的な見解の相違とは別のところに原因があった――抵抗勢力はその原因をなにひとつ公言できなかったくせに――のに、祭典の意図をめぐって引き起こされた悪意ある解釈のせいで、祭典自体がこの抵抗運動に勢いを与えたのである。

なんとも奇妙なことではないか。最高存在の崇拝を眺める時はいつも好んでテルミドール派の観点に立とうとする同じ歴史家たちが、今度は理性の崇拝を眺めようとする時は、いつもロベスピエールの観点に立つのだから。エベール派との闘争に熱を上げていたロベスピエールは、それまでエベール派の首領たちを無神論の説教師のように描き、その無神論を嫌悪していた。その理由は、神への信仰が社会には必要であると彼が信じていたということだけでなく、とりわけこうした無神論的な教説が、まだ心の準備のない民衆の道徳的な生活を根底から破壊するのを恐れたからである。ロベスピエールの不安は極端で、その非難も根拠に乏しいものだった。理性の崇拝は決して無神論の祭典ではなかったからである。理性の崇拝を組織した人々の目的はただカトリックのミサを市民のミサに取って代えようとしただけで、彼らは決して一般庶民がなんの礼拝もなしにやっていけるなどとは考えていなかった。われわれの感触では、彼らの大半は、ロベスピエールその人と同様、それほど進んでいたわけでも、世俗的《ライック》でもなかった。どちらも、礼拝の廃止に一種の精神的恐怖を感じていたのである。これはそのうちの一人、モンターニュ派のボードの言葉である。

さらに歴史家たちの誤りは、公平性を保つことがきわめて難しい問題に取り組んできた彼らの研究方法にもあった。あるいはむしろ、その方法がまったくなかったというべきかもしれない。というのも、彼らの誤謬の原因は、われわれが内奥に秘めている考えや、われわれ自身の生きる理由と密接にかかわっているからである。つまり現在まで、革命礼拝は、決して宗教的な視点からではなく、常に政治的観点からしか研究されてこなかったのである。左右の歴史家たちは共に理性の崇拝を党派的な計略の一つとしか考えず、理性の崇拝の歴史をエベール派のそれに混ぜ込んだ。同様に彼らは最高存在の崇拝も、ロベスピエールとその一派の歴史の一幕にしてしまった。そしてどちらの礼拝に対しても、すでに時代遅れになったかつての教会と少なくとも同程度に深く息づいていた宗教感情を否定したのである。

こうした歴史家の誤りはある程度のところまでは理解できる。革命礼拝はその他のいわゆる礼拝とはまったく似ていないからだ。革命礼拝の本質は超自然的信仰ではない。この宗教《レリジオン》――革命礼拝《キュルト》はその感覚的な表現である――は、神秘性も、啓示も、フェティシュも持ち合わせていない。この宗教において、崇敬の祈りである信仰が向けられる対象は、神秘的な対象ではなく政治制度そのものである。すなわち、それはいわゆる「祖国」、つまり適切な法によって支配される公正な友愛社会であり、物質面でも精神面でも幸福の源泉であり手段とみなされる祖国である。この革命信仰〔信条〕は、革命そのものと結びついていたわけであるから、この悲壮な時代の政治的な出来事全般を忠実に反映している。ただそうだからといって革命信仰の宗教的特徴を否定する理由にはならない。その信仰は確かに一つの政治的対象〔祖国〕に向けられていたからである。人間が全身全霊をかけて信じ、自分の存在の卑小さを乗り越えて献身や犠牲へと導いてくれるものが信仰だとするなら、たとえそれが世俗の理想に向けられているとしても、少なくとも呪術に向けられる信仰ぐらいには肩を並べるほどの尊重すべき信仰なのである。

こんなことを強調しなければならないのは恥ずべきことだ。しかし、ロベスピエールが最高存在の崇拝の創始者だったという主張はまったく検討に耐えない。革命宗教の本質は「共和国」、「自由」、「平等」を崇拝することにあり、こうした新語が放つ威光は当時なお支配的だった。それ以外の形而上学は副次的なものだ。確かに、社会に関するなにがしかの観念は、それに対応する世界観がなければうまくいかない。政治的確信は哲学的確信に繰り返し影響を及ぼし、その逆もまたしかりである。大多数の国民公会議員およびフランス国民のほぼすべては神の存在を信じていた。しかし、これは彼らが祖国を崇拝する妨げにはならなかった。祖国は彼らにとって国土というより、いつの日か人類を守ってくれる理想の社会だったからである。ロベスピエールは最高存在の庇護のもとに共和国の礼拝を置くことで、たんに当時の一般的な感情を表明したにすぎず、最高存在が巻き起こした熱狂の理由もまさにここにあったのである。

ロベスピエールが共和暦二年フロレアル十八日〔一七九四年五月八日〕に国民公会に提出した提案には、なんら目新しいものも、独創的なものも、個人的なイニシアティヴの跡さえ見当たらない。一七九三年六月に可決された憲法〔モンターニュ派憲法〕の前文にある人権宣言は最高存在の加護の下に置かれているが、これもロベスピエールの発議によるものではない。この時、つまり共和暦第一年から最高存在が憲法のなかに登場するようになった。一七九三年四月以来、人権宣言前文に置かれる最高存在を支持すると表明していた〔フランス領ギアナ〕カイエンヌの議員アンドレ・ポムこそロベスピエールの手先だったのだと、オラール氏は熱心に証明しようとした。オラール氏は次のように説明している。「〔一七九三年四月の段階では〕、ロベスピエールはまだ自分が表舞台に出ることに躊躇し、〔代わりに〕カイエンヌの無名議員アンドレ・ポムが議論の出方に探りを入れた。だがポムがその誘導に失敗すると、この清廉の士は自分の目論見を公にするのを、政敵が一掃され、屈伏する日まで先送りしたのだった[4]」。だが実際にはアンドレ・ポムはほとんどロベスピエール主義者とはいえないのである。〔たとえば〕マラーの弾劾[二]の際、ロベスピエールは反対票を投じただけでなく議場で弾劾に反対する表明まで行ったが、アンドレ・ポムはその指名点呼の時点で投票を棄権している。オラール氏の「仮説」はまったく真実味を欠いており、ただそう匂わしているにすぎない。この時期までロベスピエールはダントンと協調路線にあり、しかもまだジロンド派打倒に必死になっていた頃で、一七九三年四月からすでに最高存在の崇拝を立ち上げるだけでなく、ダントン派粛清の意図まで彼が心に温めていたなどと、オラール氏はわれわれにどう説明するつもりなのだろうか。ところがロベスピエールは手の内を隠すのがうまい札付きの偽善者というのが、オラール氏の大前提なのである！　ロベスピエールの胸の内にある下心を氏に教えてくれるのはいったい誰なのか？　さては占術師だろうか。いずれにしても史料はまったくそのようなことを語っていない。アンドレ・ポムの動議は一七九三年四月の段階では可決されなかったとはいえ、国民公会は同じ年の六月にそれを採択した。つまり共和暦二年のフロレアルにロベスピエールが再びその動議を自分で引き受ける一年も前の出来事なのである！

もしオラール氏が自らの偏見からもう少し距離をとっていたなら、共和暦二年のフロレアルの段階でロベスピエールが個人的に主導権を握っていたどころか、国民公会自身がはっきりと表明していた意思、しかも政治的状況から要請されていたこの意思を、彼は自分なりに表現したにすぎなかったことを、オラール氏は理解したことであろう。

2

共和暦二年のフロレアルといえば、公安委員会がダントン派とエベール派という二つの抵抗勢力をジェルミナルに粛清し、ようやく勝利を手にしたばかりの頃である。公安委員会は、自分たちがここ数カ月の間抑え込んできた分裂の火種が再燃しないよう努めた。彼らは大臣のクビを切って、その代わりに自分らの手中にある委員会を設置した。そして派遣議員を直轄下において支配したのである。それは「議員たちの間の運動の結集を図り、彼らをすべて政府の中枢に集めるため」だった。これはジェルミナル十七日のクートンの発言である。公安委員会および国民公会自体の中心的関心事は、彼らの活動の結集を実現させることにあったのである。派遣議員は、礼拝にまつわる施策に全体性や一貫性がないことを一様に嘆き、非キリスト教化の諸条件を取り決め、共和主義的祭典を整備するための包括的な政令を強く求めた。政府だけに運動を結集させても仕方がない、行政措置にも、さらには人々の心や精神、そして国のなかにも団結は必要だ、と。公安委員会は、多くの派遣議員がたびたび表明するこうした要望に応じることを決意する。ジェルミナル十七日、国民公会でクートン――ロベスピエールではない。

でもオラール氏にとって、アンドレ・ポムの時と同様、クートンとロベスピエールは表裏一体である――は、「民衆の慰みとしてエベール派も手をつけなかった観念である永遠者に捧げる旬日祭の計画」を公安委員会が間もなく提出すると告げた。するとクートンのこの告知は拍手喝采に包まれ、これにわずかでも異を唱える人はいなかった。

　国民公会がクートンの計画を喜んで受け入れたわけを知るには、議会の大多数が理神論者だった点に留意するだけでなく、当時の宗教的状況からして当然の流れだったことを考慮する必要がある。

　この頃、非キリスト教化運動はすでにかなり進んでいたが、まだ完全ではなかった。派遣議員たちは司祭に改宗を勧め、廃用になった教会を共和主義の寺院に鞍替えするよう要請していた。議員は民衆協会の支援を得て、日曜日〔キリスト教の安息日〕を旬日〔共和暦の十日祝日〕に替えたり、古いミサの記憶を帳消しにする代わりに市民の礼拝を根付かせようと必死だった。たでも彼らのやり方は決して計画的だったとはいえず、どれもこれもかなりバラバラだった。たとえば旬日に仕事を休むことは義務とされ、違反した場合は個人に罰金が科せられたところもあれば、別の場所では安息日に休んでも大目にみられたところもあった。また、こっちの旬日祭は民衆協会の協力を得て祝われたかとおもえば、あっちの共和主義礼拝は市町村当局の役人が司祭の代わりを務めることもざらだった。さらには、〝サン・キュロット〟イエスの十二使徒にちなんで、通常全部で十二人の共和派伝道師がその活動を広めるために任命されたり、別のところでは、市民の典礼や旬日礼拝、愛国的宗教週間などが公示されることもあった（『オー・ラン県の十日間』、『理性の証文』等の新聞）。こっちではマラー、シャリエ、ル・ペルチエ、ブルトゥスといった自由の殉教者が崇拝されていても、別のところへいくと、こうした崇拝は迷信扱いになるといった具合だったのである。

洗礼、結婚、埋葬は世俗の式典によって広く行われていたが、そうしたセレモニーもまちまちだった。そうした違いをなくして、当時まで自然発生的に広がっていた共和主義の礼拝に規制をかけ、それを組織してゆく必要があった。いわばそれを合法化する必要があったのである。一七九三年十月に制定された共和暦など単なる骨子にすぎない。十日ごとの旬日にはそれぞれ市民の式典を用意したり、その旬日祭とは別に国民の祝日も作る必要があった。一貫性がなく、とりとめもないこうした試みを組織する理由はこうだ。すなわち、もしカトリシズムが決定的に克服されるとするなら、それはカトリシズムと同等によく組織され、一様に統一性と規制力を持つ対等なシステムがそれに取って代わる以外に途はないということを人々が自覚していたからである。

数カ月来、公教育委員会は、市民祭典の挙行に一定の規制をかける政令案を用意するよう、いろいろな場面で求められた。委員会はそれに着手し、共和暦二年ヴァントゥーズ、オワーズ県の議員マチウは委員会を代表して全体的な作業を提示した。それによれば、まず革命の記憶すべき日々を追憶させるために、七月十四日、八月十日、十月六日、一月二十一日、五月三十一日に、計五つの国民祭典が設置される。その一方で、年間を通じて十日毎の祝日ごとに特別な祝祭も催され、この旬日祭はそれぞれ「最高存在の加護のもとに置かれ、特別な徳へと捧げられる」。それは「理性の寺院」で実施される演説と讃歌および軍事教練から構成され、生徒をそこに引率することが教師の務めになる——。

このマチウの報告を聞いた国民公会は、それを実施するためにこの計画案を公安委員会に再び送ることを決める。この重要案件に関して最終決定を言い渡す役は、結局、政府、つまり公安委員会であった。先に触れたように、公安委員会がマチウ案の審議に取り掛かり、その実現に向けて手筈を整えていることを、ジェルミナル十七日以来すでにクートンは告知していたのである。

こうしたちょっとした歴史的経緯をたどるだけでも、オラール氏が主張しているのとは正反対に、ロベスピエールが個人的にイニシアティヴをとって最高存在の崇拝を創始しようとしたわけではないことが証明されるのである。国民公会が公教育委員会に旬日祭を組織するよう命じ、この公教育委員会がそれを実行に移し、その委員会を代表してマチウが報告書を提出し、そして公安委員会の同意をクートンがこの報告書に与えたはずなのに、彼らが皆、陰でボス〔ロベスピエール〕に操られているマリオネットにすぎなかったことを示す史料を、ロベスピエール批判者らは握っているとでもいうのだろうか！

原史料にどこまでも忠実であり、個人的な憎悪に流されることを戒める歴史家にとって、史実はまったく自然な姿でおのずと現われてくる。公安委員会はマチウが練り上げた計画に関する報告を行うようロベスピエールに命じた。なぜなら、数カ月来、当時のロベスピエールは政策全般にかかわる報告書の任を一手にまかされていたからである。

3

ロベスピエールはマチウの計画案を、ほとんど変更を加えることなく単に自分のものにしただけだったのである。ただ彼はこの計画案にのちほど大部の報告書をつけて、フランス共和国が国民祭典の制定に関して定めた目的をはっきりさせ、それに正当性を与えようとした。そのなかでロベスピエールは、当時広くありふれていた思想や、タレイランが憲法制定議会の末期に公教育のために著した有名な意見書からしばしば拝借した思想を寄せ集めて、ひたすら人々に訴えかけたにすぎない。しかし、彼はすばらしく誠実な言葉遣いでこうした凡庸な思想を称賛した。かつてこれほど彼が偉大だったことはない。その演説は純粋に宗教的な雰囲気のなかで拝聴され、その空気を破るのは時折起こる熱狂的な喝采だけだった。演説の端々は遺言のような力を帯びていた——ただしそれは単なる一人の人間のそれではなかった。一世代全体の遺言であり、第一共和政を作り上げ、共和国が世界を刷新するのだと信じたこの世代の遺書であった。こうした理由から、ロベスピエールはわれわれがしばしば足を止めるに値する人物なのである。

　フランス革命によって人類史の新時代の幕が開けたという、この考えこそがまず何よりも、ロベスピエールを主役にした！　彼によって、革命はそれ以前のすべての進歩の到達点であると同時に、未来の進歩の出発点になったのである。彼は人間精神の開拓について簡潔にこう綴っている。

「世界は変わった、いやなおも変わらなければならない。現に存在するものとかつて存在したものとの間に、どんな共通点があるだろうか？　文明国民が砂漠のなかを放浪する野生人の代わりに登場し、豊かな収穫物が古代のどこまでも続く森林にとって代わった。一つの世界〔新大陸〕が世界の果てに姿をあらわし、地上の住人は自分たちの広大なテリトリーに海洋までつけ加えた。人間は稲妻を解明して、落雷をも避けるようになった。ヒエログリフのような不完全な言語と驚異すべき印刷技術を比べてみたまえ。アルゴナウテスの航海〔ギリシア神話の冒険譚〕とラ・ペルーズ〔十八世紀フランスの大探検家〕のそれを比較してみたまえ。アジアの占術師による天体の観察とニュートンのそれとの間に、あるいはディビュタド〔絵画・彫刻の発明者とされる半伝説上のギリシア人〕がその手で描いたデッサンとダヴィッドの絵画の間に、どれほどの距離があるか測ってみたまえ[三]」。

　人間の理性はこれまで自然の認識とその利用のために行ってきたことを、いまや社会の幸福のために果たす必要がある。なぜなら物質界に科学があるように、政治の世界にも科学があるからだ。

「物理の世界ではすべてが変わった。精神と政治の世界でもすべてが変わらねばならない。世界の変革の半分はすでになされたが、もう半分も完遂されなければならない……」。もはや「金満家とあらゆる小暴君の同盟」にしか支持されていない王座を転覆させ、いわば政治革命を果たした役割の栄誉が帰されるべきはこのフランスなのだ――。こうしてロベスピエールは革命フランスへの感動的な賛辞を謳い上げる。

「フランス人民はいわばその他の人類に二千年先駆けたも同然である。あるいはフランス人民は人類のなかにあって別種の存在だと感じたくなる人もいるだろう。われわれが退治した暴君どもの影にヨーロッパはいまも膝を屈している。

ヨーロッパでは、農夫や職人は貴族の享楽のための家畜にすぎない。フランスでは、貴族が農夫や職人になろうとしても、その栄誉に浴することすらできない。

ヨーロッパでは、国王や貴族がいなければ人々は生きていけないと信じられている。だがわれわれフランス人は逆に、彼らとはもはや共存できないと考えている。

ヨーロッパでは、人間を縛る鎖を溶接するために無駄な血が流されている。だがフランスでは、それを砕くために血が流されている。

わが気高き隣人たちは、恭しく国王の健康・娯楽・旅行にかかわるすべての面倒を見ている。彼らが自分の子孫に確実に伝えるべきことは、王が何時に夕食をとるのか、いつ狩りから戻るのか、光栄にも王の御足が一日中触れる幸運な大地はどこか、日の出と日没の時に王の御前に出向いた幸運な奴隷の名はなにかとかいったことである。

これに対してわれわれフランス人が子孫に教えるべきは、自由のために戦死した英雄の名とその美徳である。暴君どもの最後の追従者がどこの土地で倒れたのか、この世の圧制者の最期がいつやってきたのかを、われわれは末裔に伝えることだろう。

そうだ、愛情深く自然に抱かれた、われわれが住むこの素晴らしい大地は、自由と幸福の地となるためにつくられたのだ。そしてそこに住む感情豊かで高潔な民衆も、栄光と美徳に浴するために生まれたのである。おお、わが祖国よ！　運命のいたずらで、仮にはるか遠くの異国に生まれたとしても、私は汝の繁栄を願って絶えず天に祈りを捧げ、汝の戦いとその美徳の物語に感動の涙を流そうぞ。そして、わが熱き魂は汝の栄光の革命運動のすべてを激しい不安な面持ちでたどりながら、汝の市民とその代表者たちの運命に羨望のまなざしを向けたことであろう。実に私はフランス人であり、汝の代表者の一人なのだ……。おお、崇高なる民衆よ！　私の全存在を捧げよう、それを受け取ってくれたまえ。この幸せなわが身は汝の懐から生まれ、しかも汝の幸福のためなら死も厭わない！」。

しかし、世界を国王と司祭から解放するというその任務をフランスが果たせるのは、フランス自身の統治に厳格な正義を適用してはじめて可能である。十八世紀の啓蒙思想家と同様、ロベスピエールにとっても、政治学は道徳の一部門、まさしく道徳の実践形態であった。

「市民社会の唯一の土台、それは道徳である！……背徳が専制の温床であり、徳が共和国の本質だということである……」。

こうしてロベスピエールは、革命の危機はすべて、程度の差はあれ専制権力――つまり犯罪――の陰謀の手先によって起こされたと論じてゆく。まずは「ラファイエット。彼は憲法を盾にとって王権の立て直しを図った」。次にデュムーリエ。「彼も憲法を盾にとって、国民公会を敵に回して過激ジロンド派を擁護した」。ブリッソも憲法を「王権への攻撃を回避するための盾」に利用しようとした。さらに「エベールとその一味。彼らは人民主権の宣言と引き換えに、国民公会の首を絞め上げて共和国政府を窒息させた」。ダントンは「悪党どもには自分の庇護を、愛国者には自分の忠誠心を約束して、あらゆる陰謀と結びついた犯罪のすべてをお膳立てした。公共の福祉を口実に自分の背信を釈明するのに長けた男……」。このように徐々に自分の真意へと歩みを進めながら、ロベスピエールはこれら危機の解決策を模索しつつ、国民公会が進むべき指針を決定してゆく。この指針は、最終的にフランス人が専制の陰謀に騙されなくなるよう、国民公会によって全フランス人の魂に刻まれなければならない。

「祖国の幸福と人類の利益だけを考えて行動せよ。魂を慰めかつ高めてくれる制度と教義はすべて迎えいれなければならない。他方、魂を堕落させ、腐敗させるようなものはすべて唾棄せよ。陰謀家たちが消滅を望んでいるあらゆる高潔な感情、すべての偉大な道徳観念を復活させ、昂揚させせよ。友情の力と徳の絆によって、連中が分断させようとした人間たちを再び互いに結びつけよう……」。

言いかえれば、ロベスピエールは教義の社会的な有用性の基準を前面に押し出したのであり、彼が勧めるものこそ理神論の教説であった。彼がそう唱える理由は、理神論こそ正しい教理であったからというよりも、社会的に有用な教義であったからである。彼は美しい言葉を駆使して神への信仰の社会的効果を広く喧伝しようとする。

「有徳の友を惜しんでいる諸君は、友のもっとも美しい部分が死を免れていることに思いをいたしたまえ！　いま息子や妻の棺の上で涙を流しているとしよう。諸君は彼らがもはや無価値な灰塵でしかないなどと声をかける人に慰められるだろうか。諸君が刺客に撃たれた瀕死の不幸な人だとしよう。諸君の最後の吐息は永遠の正義への訴えではないのか。処刑台の上の無辜の民は凱旋車の上の暴君を青ざめさせる。墓に入れば圧制者も被抑圧者と等しくなるなら、無実の者がかような力を持つだろうか？　哀れな詭弁家《ソフィスト》よ！　君はどんな権利で理性の錫杖《しゃくじょう》を罪人の手に再び握らせるために、無辜の民からそれを奪いにくるのか？　一体いかなる権限で、君は自然を死のヴェールで覆い、不幸を絶望の淵まで追いやり、悪徳を嬉々とさせ、美徳を悲しみの底に突き落とし、人類を頽廃させようとするのか？　人間は感性と才覚に恵まれれば、それだけ自分の存在を大きく成長させ、自分の心を養ってくれる思想にますます愛着を抱くものだ。この種の人間の教えが万人の教えとなる。ならば！　どうしてこの観念が真理でないことがあろうか？　どんな現実よりも有益なフィクション〔神の観念〕を自然がなぜ人間に思いつかせることができたのか、少なくとも私にもわからない。だが、もし神の存在が、もし魂の不滅が単なる夢想にすぎないとしても、それらはやはり人間精神の持つあらゆる観念のうちでもっとも美しいものにちがいないだろう」。

続けてロベスピエールは、のちに彼の意に反して人々がこうした理神論への賛同につけ込んで、彼を不寛容な隠れキリスト教徒に仕立て上げるさまをまるで予見していたかのように、こう言葉を継ぐ。

「あらためて述べるまでもないが、ここではなにか個々の哲学的見解を非難することが重要なのではない。また、そうした哲学者が――その見解がどんなものでも、真逆でさえも――、生まれもった幸運な性質ないし高度な理性の力で有徳になる可能性を疑わねばならぬ理由も私にはない。重要なのは、無神論がどこまでも反共和国的な陰謀組織と手を結んだ、全国民的なものになっていると認識することにある。

ああ！ 立法者諸君、自然の諸現象について幾人かの哲学者が唱えたさまざまな仮説は諸君にとって何の意味があるのだろうか？ こうしたテーマはすべて彼らの果てしない論争に任せておこう。諸君は形而上学者でも、神学者でもない立場からそれを検討しなければならない。すなわち立法者の立場からは、世界にとって有用であり、慣習の面で良きものはすべて真理なのだ」。

ロベスピエールが原則として自由思想〔無神論〕の権利を力説するこうした宣言は、単なるリップサービスではない。数日後、フロレアル二十六日、彼の友人の小ジュリアンがルソーに依拠して共和国から無神論者を追い払うようジャコバン派に提案した時などは、ロベスピエールは熱心にそれに反対し、結局相手をやり込めている。

ロベスピエールは確かに神の観念にこだわった。しかしそれは、神の観念が公共の道徳心の土台をなしている点で、社会的価値があると彼が判断したためである。指摘しておいてよいことだが、彼は決して神がなんであるのか定義したり、それを証明しようとはしなかった。ロベスピエールにとって、神とは道徳的観念に磁力を与える一種の言葉の上のフェティシュであり、大衆の幸福はこの大切なフェティシュと切り離せないものだった。だから彼はこのフェティシュが過去に生み出した犠牲的精神を再び呼び起こし、その一方で百科全書派に異を唱えたのである。というのも彼にとって百科全書派は当然にも、社会的観念の面では非常に保守的な、エピクロス主義〔快楽主義〕を奉ずるブルジョワに他ならなかったからである。ロベスピエールは、底意なく民衆を愛していた、彼の師であるルソーをこの百科全書派に対置させた。

ロベスピエールは、革命で自由を裏切った人々、つまりジロンド派、ダントン派、エベール派をおしなべて百科全書派と結びつける。彼によれば、こういった連中は、狂信と闘っているふりをして、実際にはその寛大さも、過激な行動もすべて百科全書派の利益を代弁するものだった。狂信を叩くのに必要なのは暴力でも、懐柔でもなく、確かな洞察力である。

「狂信者たちよ、われわれから何も期待するな。最高存在の純粋な崇拝に人々を呼び戻すことは、つまりは狂信に致命傷を負わせることである。フィクションは真理の前にすべて霧散し、狂気は理性の前にすべて失墜する。強制や迫害に頼らずして、すべての宗派は自然の普遍宗教のなかで一つになる。だから諸君はこれまで自分たちが表明してきた諸原則を捨てる必要はない。理性の勝利のためでさえ、信仰の自由は尊重しなければならないからだ。ただし、それが公共の安寧を乱したり、共謀の手だてになってはならない。これを口実に反革命的な敵意がそこに隠されているなら、それを押しとどめ、原理の持つ威厳と事物の力そのものを信頼しようではないか」。

この引用からわかるのは、ロベスピエールの宗教政治と、〔無神論者追放を唱える〕過激な連中のそれがどう異なっていたかということだ。ロベスピエールとエベール派は確かに非キリスト教化という同じ目的を持っていたが、その手段が違った。過激派は、もっとも即効性のある手段で、必要とあらば暴力に訴えてでも、公私を問わず宗教儀礼を撤廃させようとした。彼らは教会を閉鎖し、司祭を逮捕ないしは力づくで棄教させ、カトリックの行いは私的なものも含めてすべて犯罪だとみなした。その一方で、ロベスピエールは実力行使を咎め、カトリックの儀式が貴族の集会の隠れ蓑にされない限りは、誠実で穏健な信者にはその継続を認めようとした。彼の判断はこうだ。閉鎖している教会はそのまま閉鎖すべきだが、まだ開いている教会を閉めるかどうかの権利は市町村当局《コミューン》にある。しかし新たに廃止される場合でも実力行使はそのまま容認できない、どんな場合でも少なくともプライベートにおいては宗教的自由は尊重されなければならないからだ、と。カトリックの示威行動も、それが同時に貴族的な側面を含むものでないなら、彼にとって処罰するほどの罪ではなかった。過激派の行動はまったく非生産的で、カトリシズムを交代させるよりも、いまだにそれを破壊することで頭がいっぱいだったからである。彼らはなるほど理性の寺院を開設したが、彼らがそこで教えたのは道徳的な天上の真理というよりももっぱら政治的真理だった。これに対してロベスピエールが求めたのはもっと建設的な効果だった。彼は、カトリシズムが廃止された代わりに市民の教説で十分だとは考えていなかった。彼にとって政治的観点よりも、道徳的観点や社会的観点のほうが重要だったからである。カトリシズムは完璧な支配システムであり、主従関係を生み出す見事な道具であると同時に一つの生活規範であり、道徳であった。だからロベスピエールは、市民宗教にも独自の道徳と生活規範が必要であり、道徳を魂の不滅と神の存在という二つの社会的教義に立脚させることができれば、その要件を満たすことができると考えたのである。彼の思惑では、こうすれば旧宗教と新宗教の間、カトリシズムと自由思想の間の移動は滞りなく遂行され、数世紀にわたりカトリック精神を吸い込んできた大衆も最終的に共和国の旗のもとに集まってくるはずだった。

このやり方なら必ずや敵どもを粉砕できると確信していたロベスピエールは、彼らの最終的敗北を力を込めて次のように高らかに宣言する。

「野心的な司祭たちよ、諸君の支配の再建にわれわれが尽力しようなどと期待しないでいただきたい。そもそもそんな企てはわれわれの力を超えていよう。諸君はみずから自滅した、だからもはや物質的な生活にも、道徳的な生活にも再び戻ることはできない。そのうえ、神と司祭の間にはいったい何の関係があるだろう？　道徳にとって司祭とは医学にとってのペテン師のようなものではないか。自然の神は司祭どもの神となんと違うことだろう！　自然の神は、彼らがこしらえた宗教ほど無神論によく似たものをご存じない。司祭たちはたびたび最高存在をひどく歪め、彼らのうちからことごとくそれを根絶した。彼らは最高存在をある時は流星に、ある時は牛や樹木に、またある時は人間や王に仕立てたのである。彼らは自分たちのイメージに合わせて神を作ることもした。神はねたみ深く、気まぐれで貪欲、しかも冷酷で無慈悲なものにされた。かつて王家の家令たちがクローヴィス〔メロヴィング朝初代国王〕の名で統治し、彼の代理を務めるためにクローヴィスの末裔を遇したように、司祭たちは最高存在を扱った。つまり彼らは最高存在を王宮よろしく天界へ追放しておきながら、自分たちの利益のために十分の一税や富、名誉、快楽、そして権力を要求する時だけ地上に呼び戻したのである。最高存在の真の司祭、それは自然である。自然の寺院は宇宙、自然の礼拝対象は徳、そして自然の祭典は、万民の友愛のゆるんだ結び目を再び締め直し、心からのオマージュを捧げるために目の前に集まってきた偉大な人民の歓喜である」。

国家の祭典は国民という共通意識をかたちづくる。ロベスピエールは祭りを「再生の最も強力な手段」と考える。

「人間の生活に魅力と彩りを与える高潔な感情、すなわち自由の熱望、祖国愛、法の尊重といったものの覚醒をすべての祭典が目指さんことを。暴君と反逆者の記憶はそこで憎悪の的とならんことを。自由の英雄と人類の恩人の記憶はそこで公共の感謝の正当な対価を受け取らんことを。あらゆる祭典の利益とその名がわれわれの革命の永遠不滅の出来事から、人間の心にとって最も神聖かつ高貴な対象から引き出されんことを。それらの祭典がその個々の対象を連想させる象徴で飾られ、際立たせられんことを。われわれの祭典には自然と徳のすべてを招こうではないか。自然と徳のすべてが最高存在の加護のもとに祝福されんことを。そのすべてが最高存在に捧げられんことを。すべてが最高存在の力と善へのオマージュによって始まり、また終わらんことを」。

こうしてロベスピエールは、若き英雄バラとヴィアラに賛辞を贈ると、最後に次のような内容の政令を国民公会に提案して締めくくる。

第一条　フランス人民は最高存在の実在と魂の不滅を認める。
第二条　フランス人民は最高存在にふさわしい礼拝とは人間の義務の遂行であると認める。
第三条　フランス人民は以下の事柄を人間の義務の最上位に定める。すなわち不誠実と圧制を憎むこと。暴君と反逆者を罰すること。貧しい人を救うこと。弱者をいたわること。虐げられている人を保護すること。他人にできるだけ善を施すこと。そして誰に対しても不実でないこと。
第四条　神の観念とその存在の尊厳を人間に思い起こさせるために祝祭が制定されること。
第五条　祝祭の名称は、革命の栄光の出来事や人間に最も重要で有用な徳や、あるいは自然の最大の恩恵にちなんで付けられること。
第六条　フランス共和国は一七八九年七月十四日、一七九二年八月十日、一七九三年一月二十一日、一七九三年五月三十一日の祭典を毎年祝うこと。
第七条　フランス共和国は旬日ごとに次に列挙される祝祭を挙げること。[5]
最高存在と自然の祝祭／人類の祝祭／フランス人民の祝祭／人類の恩人の祝祭／自由の殉教者の祝祭／自由と平等の祝祭／共和国の祝祭／世界の自由の祝祭／祖国愛の祝祭／暴君と反逆者への憎悪の祝祭／真理の祝祭／正義の祝祭／謙虚の祝祭／栄光と不滅の祝祭／友情の祝祭／清貧の祝祭／勇気の祝祭／善意の祝祭／英雄的行為の祝祭／無私無欲の祝祭／禁欲の祝祭／愛の祝祭／夫婦愛の祝祭／父性愛の祝祭／母性愛の祝祭／孝心の祝祭／幼年の祝祭／青年の祝祭／壮年の祝祭／老年の祝祭／逆境の祝祭／農業の祝祭／産業の祝祭／祖先の祝祭／子孫の祝祭／幸福の祝祭。

政令案の最終条項〔第十五条〕では、最高存在を記念して祝うべき祭典がプレリアル二十日に定められ、狭い範囲ではあるが礼拝の自由は維持すると宣言された〔第十一条〕。

この政令案はさしたる議論もなく大きな熱狂のなかで採決された。そして国民公会は、ロベスピエールの報告書を各国語に翻訳して二十万冊印刷し、すべての公共施設と野営地に貼り出して読ませるために各市町村、軍隊、民衆協会に配布するよう命じた。数日後のフロレアル二十三日、公安委員会の布告により、各教会の壁に次のような銘が彫り込まれた。フランス人民は最高存在と魂の不滅を認める。国の役人は、三旬日連続で共和国の寺院でロベスピエールの演説を朗読することが日課となった。

4

革命祭典のなかでも最も華やかで人気があったのは、間違いなくプレリアル二十日(六月八日)にパリと全国主要都市で祝われた最高存在の祭典である。

パリでは、祭典の演出を引き受けたのは大画家ダヴィッドだった。彼はフロレアル十八日以来、国民公会の壇上に祭典の図面を描き、それを実行に移すまで準備にたっぷりひと月かけた。[6]

その日はまる一日、太陽がさんさんと照りつけていた。ミシュレいわく「パリじゅうが花の海である。二十里四方からバラが、あらゆる種類の花が運ばれてきた。これで、人口七十万の町の家と人とを飾るのだ[四]」。

鼓手が集合の太鼓を鳴らし、鐘が力強く連打されると、続いて大砲が轟いた。すると四十八セクションの市民たちが、六人編成の隊列を男女別に二列組んで集団でチュイルリー庭園へと向かった。隊列の間は各セクションの旗を掲げた若者の大群で埋め尽くされた。女性の手には花が、男性の手には柏の枝が握られていた。グージョンの義兄弟ティソいわく「誰の目にも飛び込んできた歓喜は、なにか穏やかで宗教的なものを帯びていた。女性たちは恍惚感に浸っていた」。各セクションの代表はチュイルリー庭園で自分の席次を示す標柱に沿って整列した。

正午、国民公会の代表団の登場である。その時はじめて彼らは正式な衣装——青い上着と半ズボン、肩に三色綬と頭に三色羽帽子、手には麦・花・果実のブーケ——で現れた。彼らの先頭には、四日前から国民公会を主導していたロベスピエールがいる。彼らは宮殿を背にして階段桟敷に陣取った。彼らが到着すると楽団が挨拶代わりに一節奏でた。ロベスピエールが合図を送ると、大群衆は静まり返った。彼は演壇に立ち、神への信仰を讃えた。

「……神は決して人類を苦しめるために王を創造したわけではなかった。神は決して家畜のごとくわれわれを王の荷車に縛りつけるために、そして下劣さ、傲慢、裏切り、放蕩、偽善の模範をこの世に送るために司祭を創造したわけではなかった。そうではなく、神は自分の権能を知らしめるために宇宙を創造したのである。神が人間を創造したのは彼らが互いに助け合い、愛し合うために、そして徳という道のりを通って幸福へと至るためである……」。

ロベスピエールが話し終わると、デゾルグの讃歌にゴセックが曲をつけてオペラ歌手たちが歌い出す。

宇宙の父、至高の叡智、
盲いたる人類の知られざる恩人よ、
御身はその存在を感謝にたいしてあらわしたもう。
感謝のみが御身の祭壇を打ち建てたのだ！〔五〕

数日前から国立音楽院のメンバーに儀式の讃歌を習っていた各セクションの歌手の何千もの歌声がオペラ歌手の合唱へ合流していった。

ロベスピエールは松明を一本手にすると大きな池の中央に建てられた「無神論」の像に点火した。すると「無神論」の灰のなかから「叡智」の像が現れた。彼は演壇に戻ると二度目の演説を行った。

「国王たちの天分がフランスに産み落としたこの怪物〔無神論〕は再び消え去った。こいつと一緒に、この世の罪と不幸のすべてが消えてなくなるよう！　狂信という短刀と無神論という毒薬を懐に忍ばせながら、国王たちはいつも人類の殺害を企ててきた。彼らは自分たちの大罪に神を引きずり込むために迷信で神を歪めることがもはやできなくなると、今度は犯罪を通じて自分たちだけが地上に君臨するためにそこから神を追放した」。

高潔で心に訴える当世風のこの弁舌は同時代の人々に強烈な印象を与えた。流行作家だったラ・アルプはロベスピエール宛の手紙のなかで彼を祝福し、ボワシー・ダングラはこの雄弁家をオルフェウス〔竪琴で人々を魅了したギリシア神話の神格〕に譬えている。「文明と道徳のなんたるかを人間に教えるこのオルフェウス……」。

クライマックスを迎えた最高存在の祭典.

最後の讃歌が終わると、行列が組まれた。四十八セクションのうち最初の二十四セクションの市民が先頭にたち、後半の二十四セクションのそれが後方を固め、その間に国立音楽院の楽団に先導された国民公会議員が陣取った。そしてその議員の間を、赤色の布がかけられた古代風の巨大な山車——そこには自由の木が植えられ、麦束付きの犂と印刷機が積まれている——が黄金の角を持つ八頭の牛に引かれて、みんなそろって祭りの第二部が予定されているシャン・ド・マルスへ向けてセーヌ川沿いを行進していった。廃兵院の前を通過する時は、そこで共和国の費用で養生したことのある兵士たちが「手を天にかかげて自由のために死ぬと誓いながら」国民公会議員の一団に敬礼した。

シャン・ド・マルスでは、かつて祖国の祭壇があったところに今度は象徴的な大山が築かれていた。ロベスピエールに先導された国民公会議員は自由の木が植えられた頂上へと登ってゆく。山の斜面には、数千人もの楽団と合唱団が右側に男性、左側に女性とわかれて陣取っている。若者の大隊は方陣を組んで大山を取り囲み、平地は各セクションの代表によって埋め尽くされている。香が焚かれると、ラッパ手が円柱にのぼり、讃歌のリフレインを再び合唱する時がきたことを民衆に知らせる。ゴセックの指揮のもと、人々はその曲に合わせてシェニエの有名な讃歌を含むいくつもの歌を歌い始めた。

民衆、国王、都市、田舎の神、
ルター、カルヴァン、イスラエルの子らの神
汝は拝火教徒がその山奥で崇拝していた神
星辰に加護を求めて、
汝の無限の眼差しのもとにここに糾合する
フランス全土からその息子たちと支援者が

ティソいわく、この讃歌は「心の奥に一種の身震いを、宗教的瞑想をもたらした。同様の情熱に心打たれた五十万の証人に囲まれてそれを感じ取ることはできても、それを説明することは不可能である」。

十万人の声が次のような誓いを繰り返し口ずさむ。

われわれの祝勝の剣を置く前に
罪悪と暴君の根絶を誓おう

男性が一節歌えば、女性がまた別の節を歌うという具合に、リフレインは参加者全員によって続けられた。最後に、少女は花々を天高く放り、青年はサーベルを鞘から抜き、老人は彼らを祝福した。「国民からの懲罰を意味する砲兵隊の一斉射撃が空に轟くと、男女問わずすべての市民が互いに友情の抱擁をしてその感情を一つにした。最後に彼らは人類と市民の声を天に叫んで祭りはお開きとなった。共和国万歳！[7]」。

5

オラール氏は、この美しい祭典を取り仕切ったロベスピエールが「一つの新しい宗教を創始したと彼自身が心から信じていた[8]」と期待した。しかし氏は、当時の人々がこうした印象をまったく抱いていなかったことを認める必要がある。氏も知っているように、最高存在の崇拝はなにもフロレアル十八日〔共和暦二年国民公会での提案〕やプレリアル二十日〔祭典実施日〕になってる「理性の崇拝が宣言されるはじめて祝われたわけではない。オラール氏はこう指摘している。「理性の崇拝が宣言される前でさえ」[9]――まるで理性の崇拝の正式な宣言でもあったかのようだが！――、ジャコバン派は最高存在の崇拝をリュネヴィルで行っていた、と。氏自身、フロレアル十八日の政令は「ブリュメール二十日の式典の結果として」、つまり理性の祭典の結果として各地方で受け入れられたことを物語る数々の証拠を挙げている。オラール氏は「実際、フランスの大部分はロベスピエールが企てた宗教革命を知らなかったように見える」[10]とさえ述べている。当時の人々が知らなかったこの独自の宗教革命を、オラール氏はテルミドール派のパンフレット類のなかに発見することができたというわけだ！

実際には、この時はいかなる宗教革命もなかったというのが真相なのである。宗教革命というのは、司祭たちが聖職を放棄したブリュメールにすでに起こっていた。フロレアルにロベスピエールが目指したのは、この宗教革命を完遂させるためにさらに補強することであって、これとは別の宗教革命を起こそうなどと考えていたわけでない。ロベスピエールが目指した目的が何であったのかについては、私どもが先ほど検討したフロレアル十八日の彼の演説から知ることができる。また同様に、ロベスピエールの友人であり、パリの革命自治市会の役人ペイヤンがフロレアル十八日の翌日にロベスピエール宛に書いた手紙からもそれを窺うことができる。ペイヤンいわく、この政令のおかげで「不安を抱えて孤立した各県の愛国者たちはほどなく同一の教説のもとに結束するだろう。この政令は宗教や司祭を作ろうというのではなく、神の存在と魂の不滅に関する慰謝の教説を立法者が民衆から奪い去ろうとしているわけではないことを証している」。バラバラになった愛国者たちを共通の教説と統治のもとに集めること、これこそ公安委員会と国民公会自体のたんなる代弁者だったロベスピエールが目指した主要な目的だったのである。ダントン派とエベール派の二つの処刑によって分裂していた、むしろ指針を失っていた愛国者たちの疑念とためらいを一掃し、彼らに結束点を与える必要があった。だがどのようにして？　まず、最も頑なな非キリスト教化主義者に対しては、司祭の支配は遠く過去のものとなり、今後組織される国民祭典が廃止されたカトリックの役割に最終的に取って代わることを示すことによって。次に、昨日までカトリックだった市民に対しては、美的な壮麗さの点でも、精神的な美徳の点でもカトリックの儀式を凌駕する祭典を催して旧宗教を忘れさせることによってである。

ロベスピエールの友人ペイヤンは、フロレアル二十五日に自治市会を代表して国民公会で行った挨拶のなかで、この二つの目的を強調している。

「諸君が創始したのは一つの宗教ではない。それは単純かつ永遠の諸原理であって、無神論的迷信の生々しい記憶のために諸君が人々の心に呼び起こさねばならなかったものである……。悪意ある連中が諸君の罪なき政令を利用して、狂信という忌まわしい怪物をその血ぬられた墓場から解き放とうと世間を熱心に説き伏せにかかるだろう。だがそれも徒労に終わる。この政令を立案した立法者はその報告のなかで司祭を国王と同列に置いた。まったく正当なこの考えからすれば、今日司祭になりたがる市民は多くはなかろう。神秘的で不可思議な崇拝よりも自然のような単純・永遠の諸原理を嫌い、司祭の神よりも正しく慈悲深い神を嫌う人がいるだろうか？[11]」

言いかえれば、ロベスピエールの考えの忠実な解釈者であるペイヤンにとって、フロレアル十八日の政令はカトリシズムの終焉を告げるものだった。彼によれば、ロベスピエールがカトリシズムの代わりに設置した国民祭典のシステムは厳密にいえば宗教ではない、なぜなら旬日の典礼を祝福する共和主義の司祭などいないだろうから。だから国民公会が設置したものはどこまでも政治的・社会的道徳にすぎないが、しかしそれは悪徳を含まない良き影響を宗教からすべて守る崇高な道徳である――。

ロベスピエールは、自分が立てた目的――愛国派カトリックと哲学派愛国者が共和国と神という同じ一つの崇拝のもとに共に結集すること――に到達したと確信する。祝福の言葉がどっと国民公会に押し寄せた。祝詞を受け取った公文書委員会は、フロレアル十八日の政令が「人民の満場の歓声を生み出した」と伝えた。[12]

非キリスト教化運動の最も過激な人々も早いうちから喝采を送った。ブリュメールにロシュフォールで来世の存在を否定していたルキニオではあったが、ここにきてジャコバン派でもっとも熱心にロベスピエールの報告を称賛した。いわく「彼はそのフレーズの一つひとつに喝采を浴びた。われわれなら、自由にふさわしい高潔な感情を彼がわれわれの魂に響かせるたびに彼を称賛したことだろう」。当時もっとも強硬だった無神論者の一人、詩人のシルヴァン・マレシャルもプレリアル二十日の祭典に惜しみない賛辞を贈った。[13]

このように非キリスト教化主義者たちも満足したわけだが、それはよく人がほのめかすように、この独裁者におべっかを使っていたからというわけではない。彼らは心の底から満足していた。非キリスト教化運動はその力を増幅させながら進行していったのである。確かに、フロレアル十八日の政令に書きつけられた礼拝の自由への訴えは、たんに原理上の価値、期待を当て込んだ値打ちしかないと思われていた。だが「大半の教会の閉鎖が実行に移された」のはまさにフロレアル十八日以降であって、このことはオラール氏が認めており、われわれも彼のいうことを信用できる。[14] 彼は繰り返しこう述べている。「聖職者の強制還俗は、いくつかの土地ではエベールの時〔理性の祭典〕よりもはるかに数が増えた」[15]。なるほどオラール氏は、教会が閉鎖され、司祭が還俗したのはロベスピエールの意に反してのことだったと付け加えているが、いつものように彼はその示唆を裏付ける証拠の一端すら与えてはくれない。仮にもし本当にロベスピエールが独裁者であり、氏の描くような首領《ドン》だったなら、カトリシズムがこれほど修復不可能なまでに没落するのを回避し、防ぐことがおそらくできたはずである。ロベスピエールがそうしなかったということは、彼が独裁者ではなかった、ないしはそれを望んでいなかったことになる。われわれは、ロベスピエールが司祭に対してしばしば声高に表明した嫌悪感を疑う理由など一切ない。酒の席では坊主を痛烈に批判しても、翌日には司祭職をうまく利用する反教権主義者の類ではまったくなかった。彼は学生時代から信者の勤めを果たさず、聖職者の法衣をまとった教師たちからいつも顰蹙を買っていた。自らの原則に忠実に生きなかったという理由で、ダントンに対するようにロベスピエールを非難することはできない。

このように真相は、ロベスピエールは無益で有害な暴力を非難したこと、そしてカトリック教徒を革命へと合流させようと企てて、長期的にはそれに成功したのである。彼の友人であるペイヤンは、プレリアル二十日の祭典の翌日にパリの革命自治市会前で次のように述べていた。「市民は最高存在に捧げられた簡素で自然な崇拝にみな一様に満足した。彼らは司祭やその迷信を残念に思うことなどなく、徳と自由を大切にすると誓った。彼らは神と祖国に対して恩義を果たしていると信じたのである。友愛の感情がすべての人の心を結びつけたのだ……」。ペイヤンがパリで目撃したこの団結と和解はパリ以外の地方でも生み出されたことが、そのほかの証拠からも確認できる。信仰に篤い都市であるリヨンでの祭典は熱狂に包まれて祝われたし、それ以外のところでも事情はほとんど同様だった。

フロレアル十八日の政令は、カトリシズムを優遇したどころか、それに最後の一撃を与え、ブリュメール二十日にあわただしく開始された事業の完成だと思われていたのである。たとえば外国人たちは外観に騙されることなくその本質を見抜いていた。王党派の風刺作家だった「スイス人」マレ・デュ・ポーはその回想録のなかでこう書いている。「最高存在の祭典は対外的に絶大な効果をもたらした。人々は真剣に、ロベスピエールは革命が生んだ深い溝を埋めようとしているのだと信じていた」[16]。

悲しいかな！　たとえロベスピエールがフランス人の大多数を同じ一つの祖国愛の感情に統合することができたとしても、その瞬間ははかなく、またその勝利も束の間だった。誹謗、ねたみ、恐怖、そして罪悪によって、彼の事業と共和国そのものが崩壊へと向かっていった。

かつてロベスピエールによって各県の派遣業務から召還された腐敗議員たち、彼の厳しい実直さに怖れおののき、疎ましく思っていたこの議員たちは、最高存在の祭典のなかに、彼らが恐れ、憎んでいたこの清廉の士を物笑いにする種を見出した。ただそれでも彼らは大部分、ロベスピエールに劣らぬ理神論者だったので、ロベスピエールを打倒したあともフロレアル十八日の政令の撤回や最高存在の破棄は見送った――そして予期したとおり、結局その多くは改心して熱心な信心家になったのである。しかし、そうしている間も彼らは、ロベスピエールはどこまでも隠れカトリック教徒であり、立憲教会の再建をもくろみ、それを支配の道具にしようとしていると風評を煽った。彼らは自分たちの首領《ドン》のように彼を扱ったのである。ブルドンドロワーズやルコワントルのような人々でさえ、プレリアル二十日の祭典では声をひそめて彼を罵った。治安委員会のメンバーは、その数日後にカトリーヌ・テオ事件[六]と呼ばれる飛び道具 machine de guerre を仕組んで、この無害な狂信の老婆もろともロベスピエールを陥れようとしたのだった[17]。以上、要するに彼らはこれ以上ないほど広く受容された伝説を世に売り込んだのである。なぜならこの伝説は今日でも、信頼できるといわれる歴史家たちでさえ繰り返し口にしているのだから。

会場の諸君、今度は皆さんがこの伝説を評価する番である。もしここにおられる方の数人でも、この政治家の復権の時がきたと納得してもらえるなら、私の苦労も報われるというものである。その生涯を通じてずっと一つの情熱、公共善への情熱を胸に抱き続けたこの男、すばらしく勇気を与える公正な思想と行動によって自ら定めた高い理想へと邁進したこの男の復権を。ロベスピエールは深く無私な愛情をもって民衆を、その手は無骨でも心は熱い真の民衆を愛した。彼は民衆の持つ短所や偏見までもまるごと愛した。民衆を革命の高みに引き上げ、迷信から引き離すために、民衆が持つ古来からの心性に正面から攻撃を挑んだり、民衆の土台にある信仰を一撃で破壊すべきではないことを彼はよく理解していた。彼は、民衆の常識にもっとも混乱をきたさないかたちで彼らに自主的解放が必要であることを示す工夫を凝らした。つまり彼は民衆にも理解できる言葉でしか語らなかったのである。

ロベスピエールの理神論に対して世間一般が認めたがっているものについて考えてみよう。人々はそれが時代遅れで、使い古しの代物と感じるだろうし、私もそれを否定しない。しかしこの理神論が排他的・専制的カトリシズムと自由思想との間の橋渡し役を引き受けたのであって、それは必要不可欠な一つの段階だった。彼の政敵にも同様の批判を加えないで——政敵、とりわけいかがわしいダントンに対する無条件の寛容——、ロベスピエールに対してその理神論を非難するとはひどく不公正ではないだろうか。その時代に犯された罪について鬼の首をとったようにロベスピエールを責めることはできない。ロベスピエールが自分の宗教的理想よりもその社会的理想を常に優先させていた点を、まずは最大限考慮すべきである。彼は民衆ほど神を愛していたわけではなく、神を愛する時も、単にそれが民衆にとって欠かせないものだと彼が考えていたからにすぎない。

最高存在の崇拝を口実にロベスピエールを攻撃するのはもう終わりにしよう！　彼はその崇拝の創始者でもなんでもなく、せいぜいその布告者にすぎなかった。同時代の人々は、フロレアル十八日の政令のなかに理性の崇拝の改良版しか見なかったのだ。何の権利があって、この政令は一つの反動だなどと非難できるのか？　カトリシズムがその全面的な没落にさらに近づいたのは、最高存在の祭典の翌日からであったことを、われわれはどうして忘れることができようか？

以上、これらはすべて清廉の士が十二分に受けるに値する権利であると私には思われる。それを彼に対する寛容とはいわずに、すべての自由思想家とすべての進歩的人間の恩義であると、私はいいたい。第三共和政は、その名声が大いに疑わしい銅像を数多く建てたが、公私にわたる徳のモデルである偉大な市民〔ロベスピエール〕、反革命派と社会的保守派を公言する党派からのあらゆる憎悪と中傷を一身に背負った勇敢で辣腕のこの政治家に対してまだなんの恩義も返していない。これはまことに恥ずべきことであると、私は声を大にして申し上げておきたいのである。

原注

1 これは自由思想家全国協会で行われた講演である。
2 この点については、拙著『革命宗教の起源』(パリ、一九〇四年)ですでに論証した。
3 ロベスピエールと非キリスト教化運動に関する私の研究を参照されたい(『革命年報』第二巻、三二八頁以下)。
4 『理性の崇拝』第二版、二六六頁
5 この一覧表はマチウの以前の報告からそっくり拝借されている。
6 ジュリアン・ティエルソ『フランス革命の祭典と歌謡』(アシェット社、一九〇八年)第六章を参照。
7 『公式議事録』
8 オラール『理性の崇拝』、三二三頁
9 同上、三三三頁
10 同上、三四六頁
11 同上、二八六頁
12 『モニトゥール』プレリアル十四日(第二十巻、六三三頁)。プレリアル七日(同、五七三頁)も同様に参照のこと。
13 共和暦三年に出版された、マレシャルの『革命の諸事件の素描』において。
14 オラール『フランス革命政治史』、四八〇頁
15 『理性の崇拝』、三五三頁
16 E・アメル『ロベスピエール物語』第三巻、五四四頁からの引用。
17 カトリーヌ・テオ事件については、拙著『革命宗教史への貢献』(アルカン社、一九〇六年)で考察を加えている。

訳注

革命宗教の起源

一　理性の崇拝＝社会的出来事としては「理性の祭典」と呼ばれ、エベール派を中心に一七九三年から始まった非キリスト教化運動を儀式化した革命宗教の一つ。十一月十日、ノートルダム大聖堂内にモンテスキュー、ヴォルテール、ルソー、フランクリンの胸像を配置したギリシア風神殿が設けられ、そこから「自由の女神」に扮したオペラ座の女優が登場する仕掛けの即興劇で群衆を集めた。パリだけでなく各地方でも同様の反カトリック色の強い劇がたびたび催された。

二　最高存在の崇拝＝社会的出来事としては「最高存在の祭典」と呼ばれ、エベール派を粛清したロベスピエールを中心に実施された革命宗教の一つ。理性の崇拝が無神論的色調が強かったのに対し、霊魂の不滅を信じるロベスピエールは共和主義的公民の創出を目的に信仰の必要性を強調した。一七九四年六月八日にチュイルリー広場とシャン・ド・マルスで行われた祭典には数十万人の観客が動員された。

三　敬神博愛教＝パリの書店主ジャン＝バティスト・シュマン＝デュポン（一七六〇―一八五二）が一七九六年に興した革命宗教の一つ。総裁政府期にラ・レヴェリエール＝レポの目にとまり、共和主義的理神論として公的な宗教へと仕立てられた。だが教会堂をカトリックと共同利用していたため諍いが絶えず、統領政府の取り締まりの対象となり次第に収束していった。マチエは二十世紀初頭までこの教徒の存在を確認している。

四　旬日礼拝＝キリスト教の安息日に代わって、共和暦の十日ごとの祝日に行われた礼拝。総裁政府が主導した祭礼で、十日祭とも言われる。

五　愛国派＝数多くの州に分割されていた封建的旧体制を統一フランスという近代国家へと変えることを目指し

た革命期の革命家の総称。具体的には封建制を打破して民主主義国家を目指し、対外的な革命戦争から祖国を防衛する人々をそう呼んだ。

六　マルボローの歌＝フランスの古いシャンソン「マルボローは戦場に行った」のこと。マルボローとは、スペイン継承戦争のフランスの敵将、イギリスの初代マールバラ公爵（一六五〇―一七二二）である。戦の旗色が悪かったフランス軍に、マールバラ公戦死の情報が伝えられ、喜び勇んで「マールバラ公が死んで埋められた」という歌が流行したが、実際にはマールバラ公は戦死していなかったという、ぬか喜びの故事。

七　ドミニコ会やトルケマダ派＝どちらもスペインの南米大陸征服時代の宗教弾圧・異端審問の代名詞。

八　オラール氏＝ソルボンヌ大学初代革命史講座教授アルフォンス・オラール（一八四九―一九二八）。マチエの博士論文の指導教官。本書は師オラールが『理性の崇拝と最高存在の崇拝』（一八九二年）で開拓した領域を敷衍して書かれた。

九　マチエの本書の狙いは祖国愛の広義の政治的側面ではなく、それが持つ固有の宗教的要素を明らかにすることにあった。この見解はのちにロベスピエール解釈に端を発する師オラールとの学問的対立の一つの引き金になるのだが、この時点ではオラールはもちろん、マチエ自身もこの見解の相違が深刻な対立を招くとは考えていない。

一〇　エミール・デュルケム氏＝フランスの社会学者（一八五八―一九一七）。オーギュスト・コントが提唱した「社会学」の実質的な創始者であり、その学問的立場は方法論的集合主義と呼ばれる。のちに「デュルケム学派」と呼ばれるグループを形成し、機関誌『社会学年報』を主催した。マチエが取り上げた論文もこの雑誌に掲載されたものであり、その内容はのちの著作『宗教生活の原初形態』（一九一二年）に組み込まれた。

一一　自前の天国＝造りは世俗的だが内実は宗教的な救済観のこと。十八世紀の啓蒙思想家たちは宗教的に不寛容な既存のカトリック教会をおしなべて攻撃したが、理神論という万人に普遍的な独自の信仰を持つ者がほとんどだった。彼らのカトリック攻撃はあくまで政治的次元であって、信仰の次元ではキリスト教の救済観との連続性を見るマチエのこうした視点は、のちにカール・ベッカー『十八世紀哲学者の楽園』（一九三二年＝邦訳、上智大学出版、二〇〇六年）のような啓蒙思想研究にも影響をみることができる。

一二　原文には「第三章」とあるが正しくは第八章なので訂正した。

一三　サン＝シモン主義者やオーギュスト・コント＝初期社会主義思想家に数えられるサン＝シモン（一七六〇―一八二五）、およびその弟子オーギュスト・コント（一七九八―一八五七）やサン＝シモン主義者たちは、産業主義者あるいは実証主義者と形容されることが多いが、それぞれ晩年に新キリスト教、人類教、サン＝シモン教という世俗宗教の構想へと向かった。特に共和暦を模した実証暦や人類の偉人を祀るパンテオンの構想など、コントの人類教にみられる革命宗教との類似性に注目したマチエはコントの人類教教会は敬神博愛教の再現だとすでに主張していた（Mathiez, *La théophilanthropie et de culte décadaire*, Paris, 1903, p.705）。ただ、革命宗教の影響は否定できないとしても、コントやサン＝シモンの宗教論には常に精神的権力（宗教）が世俗的権力（国家）の上に立つべきだとする国際的な教皇至上主義を受け継ぐ側面が強く表れており、ホッブズやルソーの議論をそのまま接続することはできない。そのため、コントやサン＝シモンの著作において、ルソーは市民宗教論ではなくあくまで人民主権論の提唱者として批判の対象に留まる。

一四　人権宣言＝正式には「人間と市民の権利宣言」。人間の自由と平等、人民主権、言論の自由、三権分立、所有権の神聖など十七条からなるフランス革命の基本原則を記したもので、憲法制定への第一段階として一七八九年八月二十六日に憲法制定議会によって採択された。九三年と九五年に改訂され、革命期だけで三種類ある。

一五　公民宣誓＝一七九一年憲法の第二編第五条にはこうある。「公民宣誓とは〝私は国民、法律および国王に忠実であること、かつ一七八九年、一七九〇年および一七九一年に立憲国民議会によって定められた王国の憲法を全力で維持することを誓う〞である」（河野健二編『資料フランス革命』岩波書店、一九八九年、一五五頁）。

一六　全国連盟運動＝バスティーユ監獄占拠の一周年を記念して、一七九〇年七月十四日にパリのシャン・ド・マルスで開催された連盟祭を嚆矢とする、国民的統一・和解を目的としてフランス全土で行われた祭典の総称。

一七　シネアス＝紀元前三世紀ごろ、古代ギリシアに存在したエピロス王ピリュウスの側近。ローマ人との戦いで王に助言を与え、賢者で知られた。

一八　八月十日の暴動＝一七九二年八月十日に勃発した、蜂起コミューンによるチュイルリー宮殿襲撃および、それに伴う国王一家のタンプル塔幽閉事件のこと。この民衆蜂起によって王権停止と国民公会の召集が決議され、立憲王政の可能性がついえた。

一九　フリーメーソンのロッジ＝フリーメーソンとは、その起源には諸説あるが最も有力なのは十四世紀のイギリスの石工職人組合にまでさかのぼるとされる会員制結社。時代が下るにつれて理神論やプロテスタント系神秘主義を信奉する知識人の会合の場となり、ヨーロッパ各地に集会所（ロッジ）があった。革命期フランスでは敵対するローマ・カトリックから革命陰謀集団のレッテルを張られ、その後ナチスからもユダヤ人とともに敵視された。当時の会員には、ベンジャミン・フランクリン、ヴォルテール、モーツァルトらがいる。

二〇　五月柱＝春の訪れを祝う異教の祭り（メイ・デー）で植えられる木。英語ではメイ・ポールとよばれ、古代ローマの祭祀までさかのぼる。祭りに参加した少女が、花やリボンで装飾されたこの柱の下を回りながら踊る。革命期には封建制からの解放の象徴的な祭りとなり、五月柱は自由の木へと表象が変化した。世界各地の聖柱や、革命のシンボルにもなった山岳などのコスモロジー的解釈については、ミルチャ・エリアーデ『聖と俗』（法政大学出版局、一九六九年）を参照。

二一　束桿（そっかん）＝斧の周りに枝を束ねて革紐で縛った束のこと。元来は、古代ローマの執政官に仕えた警士が捧げ持った権威の標章だったが、一七九〇年に憲法制定議会によって、自由を守るために結集したフランス市民の団結の象徴として新生フランスの国章となった。

二二　バスティーユ・ミニチュア模型＝王政の不正を喧伝するためにパロワは、バスティーユ監獄の瓦礫を材料にしてこの監獄の模型を作り、全県に送付した。

二三　属州の捕虜像＝その台座の四つ角にそれぞれ配置された、スペイン、オランダ、プロシア、オーストリアの四カ国の敗戦国を表す四人の捕虜像。現在はルーヴル美術館に所蔵されている。

二四　ヴァレンヌ事件＝一七九一年六月二十一―二十二日に起きた、国王ルイ十六世一家のパリ脱出、および国境付近のヴァレンヌで逮捕された事件のこと。この国王一家逃亡事件は国王が外国勢力と通じた反革命であるという疑念を結果的に国民に強く植えつけることとなり、国王処刑の遠因になった。

二五　聖職者市民法＝一七九〇年七月十二日に憲法制定議会が教会の粛正と再編を図るために可決した法律。これにより聖職者の身分をローマ教会から国家に移して司祭の公務員化を図ったが、のちに見るように公民宣誓をめぐって、それに従う立憲司祭（宣誓僧）とそれを拒否する宣誓拒否僧（反抗僧）の間に対立と混乱を招いた。九二年以降、同法は恐怖政治と非キリスト教化運動のなかで有名無実化し、九四年に権力を握ったテルミドール派はいかなる宗派にも国費の支給をしないと共和暦三年ヴァントゥーズ三日法で定めた（松嶌明男『礼拝の自由とナポレオン――公認宗教体制の成立』山川出版社、二〇一〇年、六四頁）。

二六　六月十一日の市民洗礼＝マチエは上記では一七九〇年六月十三日のストラスブールの連盟祭での市民洗礼が最も早いと述べていたのに、ここでは同年六月十一日の市民洗礼が紹介されている。七月の誤りか？

二七　あまりに大きな失望＝八月四日の夜に自由主義者の動議に基づき封建制の廃止が決議され、十一日に法令として成文化された。これにより領主権の一部、教会の十分の一税、官職売買の廃止が決められた。しかし同時に、領主権の中核をなし、領主の土地を保有している農民にかかる領主制地代（物的権利）は所有権とみなされ、買い戻すことができると定められた。

二八　ナンシー事件＝一七九〇年八月三十一日、ナンシーの駐屯軍が起こした反乱事件。スイス人傭兵が支払いの遅れていた積立金の明細検査を上官に要求したが、逆に処罰されてしまう。これを機に部隊内に反乱が起こり、この混乱のなかで将校デジルスが殺害された。ラファイエットはこれを鎮圧するためにブイエ将軍の部隊をナンシーに送り、首謀者を絞首刑にした。しかし上官の汚職が明らかとなると、世論はスイス人傭兵の名誉回復へと傾き、ラファイエットへの非難が高まった。

二九　パンテオン＝もともとはギリシア語で「すべての神々」という意味で、そこから転じて神々を祀る万神殿を指した。現在フランスにあるパンテオンは、マチエも書いているように、もとはパリの守護聖人ジュヌヴィエーヴに献堂するために一七五五年に教会堂として建築が開始された。しかし完成前に革命が起こり、一七九一年、国民議会によってフランスの偉人を祀る墓所として利用されることが決定され翌年に完成した。

三〇　原文では主文の主語（「シモノーの葬儀」）と副文の主語（「スイス人傭兵の祭り」）が逆になっているが、それだと後続の内容と文意がかみ合わない。

三一　レクティステルニウムの儀式＝古代ローマの儀礼。神々の怒りを鎮めるために、神像を儀式用の寝台に安置して供物を捧げる。その後に豪華な宴会が行われた。

三二　サ・イラやカルマニョール、マルセイエーズ＝どれも革命期に流行した代表的な革命歌。マルセイエーズは現在のフランス共和国国歌。

三三　原文ではマニュエル Manuel となっているが、これはオペラ＝コミック座の脚本家モンヴェル Monvel の誤植だろう。『祖国の樫の木――七月十四日の朝』は一七九〇年七月十日に同座で上演された。
三四　『全崇拝の起源』＝初期のイデオローグで反教権主義者シャルル＝フランソワ・デュピュイ（一七四二―一八〇九）の主著（*Origine de tous les cultes, ou Religion universelle*, Paris, 1794）。彼によれば、全人類の宗教の起源は原始一神教ではなく自然の天体崇拝であって、キリスト教の神はその自然宗教が堕落して人格化した崇拝の末裔にすぎない。デュピュイの学説はイデオローグの間で好評を博し、デステュイット・ド・トラシによるこの大著の要約版『全崇拝の起源の合理的分析』（一八〇四年）は、ドイツ語、英語、スペイン語に訳され、当時ヨーロッパ規模で大きな反響を呼んだ。
三五　ピエール・ベールの屁理屈＝哲学者ベール（一六四七―一七〇六）が『彗星雑考』（一六八二）およびその続編で唱えた「有徳な無神論者」論。彼はこれらの著作でカルヴァン主義の立場からカトリック自体が偶像崇拝であることを主張し、偶像崇拝はキリスト教をしらぬ古代人の無神論にも劣る最悪の崇拝だと糾弾した。カトリックよりも無神論のほうがましであるとするベールのこの主張は、時代が下るにつれて彼自身の意図を超え、啓蒙期には〝無神論の弁護者ベール〟像が形成された。
三六　昔の御伽草子（ファブリオ）＝十二―十四世紀の北フランスを中心に広まった韻文笑話。庶民性豊かな日常性のあふれるテーマを扱い、人々の愚かさを面白おかしく、時に風刺や卑猥な語り口でその時代の社会を描写した。
三七　『社会契約論』第四編八章にはこうある。「それゆえ、純粋に市民的な信仰告白が必要であり、その箇条を定めるのは主権者の役目である。この箇条は厳密には宗教の教義としてではなく、それなくしては良い市民にも忠実な臣民にもなりえないような社会性の感情として定められているのである。主権者はそれを信じることを何びとにも強制することはできないが、それを信じない者はだれであっても、国家から追放することができる。主権者は、彼を不信心な人間として追放しうるのではなく、非社会的な人間として……追放しうるのである」（作田啓一訳、白水社、二〇一〇年、二〇頁）。
三八　人を馬鹿にした話＝人権宣言には信仰の自由が定められているのに、政府が認める宗派でなければ迫害されてしまう不条理のこと。
三九　パリの革命的自治市会＝一七八九年のバスティーユ監獄奪取直後に、パリの四十八セクションの代表によって組織されたパリ・コミューンのこと。九二年八月十日のチュイルリー宮殿襲撃では「蜂起コミューン」が結成され、国民公会開会までこのコミューンと立法議会という二つの権力が併存することになった。

四〇　ジャック・クレマンやラヴァイヤック＝ジャック・クレマン（一五六七―一五八九）はユグノー戦争時代のドミニコ会修道士で、アンリ三世の暗殺者。フランソワ・ラヴァイヤック（一五七七―一六一〇）はアンリ三世の後を継いだアンリ四世の暗殺者。ともに八つ裂きの刑に処された。

四一　神喰らい（théophage）＝宗教改革時代にプロテスタントが使ったカトリックの蔑称。聖餅とワインの実体変化を唱えるカトリック教徒に対して、神の血肉をあろうことか人間が便として排泄することを皮肉ってプロテスタントは「神食らい」と呼んだ。十六世紀の改革派アンリ・エチエンヌの揶揄が有名。

四二　用益＝他人の所有物を、その本体を変えないで一定期間使用・収益すること。

四三　ルイ十四世がジャンセニストに行使した手段＝十七世紀にカトリック教会によって異端とされたジャンセニズム思想に感化された信徒を、時の国王ルイ十四世が政治的に弾圧した事件のこと。思想的にも、ジャンセニズムは、とりわけその救済予定説がカルヴァン主義との思想的つながりを疑われ、最終的に教皇クレメンス十一世によって回勅『ウニゲニトゥス』（一七一三年）で断罪された。その中心地だったポール・ロワヤル修道院も一七一〇年に閉鎖・破壊された。

四四　ルイ十三世の勅令＝どの勅令を指しているのか正確にはよくわからない。ルイ十三世の勅令として最も知られているのは、俗にアレスの和約と呼ばれる一六二九年の「アレス特赦勅令」である。これは父アンリ四世亡きあと再びプロテスタント弾圧に乗り出した国王軍とローアン公との間に交わされた和約である。和約とはいえ、プロテスタント側に圧倒的に不利な内容で、これによりフランス国内のプロテスタント安全地帯は国王のカトリック側に召喚され、その都市の城壁はすべて破壊された。

四五　聖ロクス＝カトリック教会の聖人（一二九五―一三二七）。モンペリエで生まれ、ローマ巡礼の帰路で没したとされる。ペスト（黒死病）除けの守護聖人とされたことから、古くからヨーロッパで崇敬の対象となった。

ロベスピエールと最高存在の崇拝

一　この論文はロベスピエール研究協会機関誌『革命年報』四月―七月号（一九一〇年）に掲載されたものである。

二　マラーの弾劾＝一七九三年四月五日にマラーがジャコバンクラブでジロンド派の主要閣僚の罷免を要求したため、四月十二日、今度は国民公会でジロンド派のガデがマラーの逮捕を要求した。翌十三日に指名点呼が行われ、マラーの弾劾は二二六票対九二票で可決された。

三　以下、ロベスピエールの演説（「最高存在の崇拝について」一七九四年五月七日）については、河野健二編『資料フランス革命』（岩波書店、一九八九年）の富永茂樹氏の抄訳（五〇一―五一三頁）も参照した。

四　ミシュレ『フランス革命史』、世界の名著『ミシュレ』（桑原武夫ほか訳、中央公論社、一九七九年）、四四四頁。

五　アデライード・ド・プラース『革命下のパリに音楽は流れる』（長谷川博史訳、春秋社、二〇〇二年）、二九三頁から訳を借用した。

六　カトリーヌ・テオ事件＝「神の母」として多くの信者を集めていた自称預言者・老婆カトリーヌ・テオが、最高存在の使者としての神的使命をロベスピエールに吹き込んだとされる事件。治安委員会はテオの文盲を利用して「ロベスピエールこそ彼女がその到来を予言した再生の救世主である」と彼女に語らせ、祭典とその主導者の権威を貶めようとした。

訳者あとがき

修学時代から本書成立まで

著者アルベール・マチエ（一八七四―一九三二）は、フランスはフランシュ゠コンテ地方の農家の長男として生まれた。宿屋への転業、両親の離婚など生活は常に苦しく、のちに彼自身も離婚しているところをみると、私生活では生涯苦労した。だが早いうちからその才能を開花させ、一八九一年に地元のリセからパリ近郊の名門リセ・ラカナルに転校している。そこでは卒業後に高等師範学校《エコール・ノルマル》へ進学する多くの仲間と出会うが、とりわけのちの詩人・思想家ペギーとの親交は、彼の戦死によって途絶えるまで二十年以上も続くことになる。

一八九四年、二人は高等師範学校に進むと仲間と共に社会党へ入党している。師範学校生《ノルマリアン》の約半数が卒業時には社会党員になったといわれるこの時代、彼らの入党は当時の知識人のいわば一つの証だった。伝記作家のフリギュグリエッティは、マチエの生涯はいわば一八七〇年世代の歴史にそのまま重なると述べている（Frigulietti, *Albert Mathiez, historien révolutionnaire (1874-1932)*, 1974）。七〇年世代とは、普仏戦争の敗北とパリ・コミューンにはじまり、ブーランジェ事件（八六年）、パナマ運河疑獄（九二年）、ドレフュス事件（九四年）、政教分離法（〇五年）、第一次大戦（一四―一八年）、そしてロシア革命（一七年）といった第三共和政を揺るがす大事件を肌で体験した世代を指す。のちにデュルケムとベルクソンにそれぞれ接近するマチエやペギーに象徴されるように、既存の価値観の崩壊の前に立たされた若き知識人たちが腐敗したブルジョワ社会の改革のためにまず選びとった新たな指針が社会主義思想であった。

一八九七年、マチエは歴史・地理の教員資格《アグレガシオン》を取得し、地方のリセで教えるかたわら博士論文に取りかかる。当初マチエは歴史学ではなく、カタルーニャ地方に関する地理学論文を準備していた。だがドレフュス事件が国論を二分していたこの時期、反教権・ドレフュス再審派を自負していた彼は、現在の腐敗した第三共和政以前の古き良き革命精神の息づいていた時代へと関心が移っていく。リセの卒業生への彼の挨拶原稿が残っている。十九世紀前半は大革命世代が七月革命を準備し、その子供である七月王政期の世代が科学の進歩と文芸復興に邁進した輝かしい時代だった。だが世紀後半から、エゴイズムとディレッタンティズムが革命的情熱に取って代わり、政治的日和見主義と小商人精神が蔓延した。学生を前にM・バレスのような反ユダヤ主義者を「恥知らずの皮肉屋」とよび、彼らを鼓舞するその姿からも窺えるように、マチエが若い頃から激情的で、良くいえば高潔、悪くいえば非妥協的な性格だったという周囲の証言には事欠かない。モントーバンのリセでもその性格が仇となり、王党派の教員との諍いがもとで他校へ転任している。その引越す先も生涯すべて革命家の名を冠した通りをわざわざ選ぶほどその信念は徹底していた。

一九〇〇年、奨学金を得たマチエはリセを退職し、パリで博士論文の執筆に専念する。関心もすでに地理学から歴史学へ移り、論文のテーマも「革命期における農業・商業・産業の最高価格法と徴発」に決め、すでに資料収集も開始していた。しかしここでまたテーマの変更を余儀なくされる。高等師範学校の先輩Ph・サニャックが同じテーマですでに博士論文に従事していることが判明したからである。それをマチエがどこから知ったのかわからないが、おそらく彼が師事したソルボンヌ大学初代革命史講座教授A・オラール（一八四九—一九二八）とみて間違いないだろう。マチエはパリで研究体制を築くと、すぐにオラールを自宅に訪ねて研究指導を願い出ていた。そしてこの時に、『理性の崇拝と最高存在の崇拝』（一八九二年）をすでに著していた彼から、この研究の補完として旬日祭と敬神博愛教の研究を勧められるからである。

この時代、オラールとマチエは師弟の固い絆で結ばれていた。オラールは自身の主宰する革命史協会にマチエを迎え入れ、その機関誌『フランス革命』にも門戸を開き、一九〇八年まで毎年彼の論文は掲載された。研究だけでなく政治的にも、オラールは当時の社会党急進派のスポークスマンであり、マチエと同様に熱烈な共和派にして政教分離支持・ドレフュス再審派だった。オラール経由で多くの人脈も築いたマチエは彼のもとで三年間博士論文の執筆に費やす。その間に家庭も持ち、生活のために再び地方のリセを転々としながら、カーン時代の一九〇三年に主論文（『敬神博愛教と旬日祭』）をパリ大学に提出し、副論文（本書）も翌年完成にいたるのである。

しかしこの数年後、師弟の間には研究・人格の両面で修復不可能なまでの亀裂が入る。ただその話の前に、ソルボンヌに提出された本書『革命宗教の起源』の特徴と反響について触れておこう。

『革命宗教の起源』とその反響

本書の対象は三部会招集から立法議会の解散までの約三年間の宗教政策の歴史である。この期間を選んだわけはオラールの『理性の崇拝』の分析をさらに時期を遡って行うためだが、なによりも本書を際立たせているのはその方法論にある。これまで歴史家たちは左右を問わず、自分の信仰＝信条を代弁するために革命宗教を解釈し、人為的な疑似宗教だとみなしてきた。マチエによれば、このようなイデオロギー論争から最初に距離をとったのがオラールである。彼によれば革命礼拝は混乱した政治状況から派生した国防の手段であった。しかし、革命家たちがその目的を国防においたのは事実だが、理性の祭典を生み出した連盟祭までさかのぼれば、国防とは別の本質が見えてくる。つまり連盟祭においては疑似宗教でも国防手段でもなく、本物の宗教の交代が起こっていたのだ。本書のタイトルが「革命宗教の起源」となっているゆえんである。

だが何をもって本物の宗教といえるのか。そこで導入される新機軸が社会学者デュルケムの宗教現象の定義である。革命宗教の起こりは多くの面で十八世紀以前の民間信仰やカトリックの形式にさえヒントを得た自発的なものであり、「愛国者の集合的想像力が作り上げた匿名の産物」だったのだ。マチエの基本的な姿勢は、ある出来事の原因を短期的な因果関係や個人の独創に求めず、長期的な時間のプロセスのなかで理解しようとする点にある。こうした視座のうちにオラールとの決裂の遠因があるとおもわれるのだが、この点についてはのちに触れよう。

さて一九〇四年三月のソルボンヌ大学での公開審査では、彼の著作は「最優秀」の評価を受け、とりわけ師オラールからは「方法論が完璧に適用された卓越した仕事」と激賞された。ただし審査員の一人ドイツ史家E・ドゥニだけは、革命期のフランス人の集合行動をすべて宗教的と呼ぶのは誇張だとしてマチエの主張に噛みついた。持前の気性の激しさからマチエはすぐにその無理解を指摘し、激しい議論の応酬ののち激昂したドゥニが審査会場を後にするというハプニングが起こる。オラールの仲裁でその場は丸く収まったが、自説への絶対的な信念を曲げようとしないマチエの頑なな性格はのちに今度はオラール自身に向かうことになる。ただこの時点で確認しておいてよいのは、この論文は確かにオラールの研究方法とは異なる視点を採用しているが、両者の関係に亀裂を入れた直接の原因ではなかったということである。

その後いくつか書評が出るが、革命史協会のオラールの同僚P・カロンも、マチエがデュルケムの定義を拡大解釈して、本来政治的・芸術的なものをすべて宗教で括るのは用語の乱用だと批判した。カロンによれば、革命祭典はあくまで国防のために国民を統合する窮余の策あり、この点をマチエは看過した。しかしこの考えはそもそもオラールの持論であり、カロンの批判もこれを踏襲したものだった。マチエはカロン宛の書簡でオラールに敬意を払いつつカロンに反論している。オラールは「偉大な学者として、自分が無謬だなどと自惚れる人ではありません。また自分が最初に切り開いた研究領野を、自分の研究方法と著作を利用してさらに深く追求する自分の学生に恨みを抱くような人でもありません。学生にそれを思いとどまらせるどころか、逆にオラール氏は我々を励まし、真っ先に学生の研究の独創性に目をつけてくれる人なのです」。

だがマチエにとっておそらく最も精神的にこたえたのは、デュルケムの甥の社会学者M・モースからの批判であった。彼によれば、マチエが革命家の熱狂や情熱にある種の宗教現象をみたのは正しい。だがそれは「最低でも数世代まで広がるほどに必要な時間も、資質も持ち」えず、世論に左右される個人やセクトの単なる情熱だけでは「宗教」と呼ぶに値しない。「〝革命的フェティシズム〟ないしは単なる群衆の興奮状態を語ることができるとしても、それはあくまで主観的な観点にすぎない。……これらはどれも宗教をなしていない。……深遠な信仰に対応した神秘的な情熱や思想の強固さが常に革命礼拝には欠けている」(Mauss, « A. MATHIEZ - Les Origines des cultes révolutionnaires », in *Année Sociologique*, VIII(1903-1904), Paris, 1905)。

モースの厳しい評価は、社会学という無名の学問が十九世紀末からようやく学界や世間で認知されつつあるなかで、その名のもとになされる用語や概念の無際限の濫用に対する一種のけん制でもあっただろう。だがマチエにとって社会学からの批判は予想外だったにちがいない。しかも革命宗教の体系性と継続性の欠如は彼自身がもっとも自覚していた弱点だった。彼の落胆は想像に難くなく、実際本書以降、新たに社会学に訴えることをやめてしまう。一九一一年以降テーマが宗教史から政治史に移ったこともあるが、後年社会学への軽蔑感を露わにしている点から見ても、この批判はマチエには相当尾を引いたようにみえる。こうして社会学と歴史学との最初の接触は短期間のうちに失われたが、その論文から八年後、最後の主著『宗教生活の原初形態』（一九一二年）のなかでデュルケム本人がマチエの論文を取り上げ、革命宗教を「一つの宗教」と呼んでそれに正当性を与えることになる。

周知のように一九七〇年前後に台頭するいわゆる修正派は、オラールからソブールに至るジャコバン史学の党派的精神を批判し、むしろマルクス主義以前のトクヴィル、ミシュレ、キネなど長期的な哲学的革命史の再評価に向かった。その代表者F・フュレによるマチエの宗教史研究の評価も、フランス革命とロシア革命を重ね合わせる党派的な政治史研究の一部にすぎぬとやはり素気ない（フュレ「大学における革命史」『フランス革命事典I』一九九五年）。しかし十九世紀前半の哲学的（ないしプロテスタント的）革命史も多分に宗教史的な様相を帯びている点や、デュルケムの社会学をやはり取り込んで成功したルフェーヴルの革命的群衆論、そしてアナール派から現代のオズーフやヴォヴェル、ハントまでの研究を省みても、社会学と歴史学をつなぐマチエの視点が直接・間接にその後の研究史に与えた影響は大きく、またその範囲も革命史という狭い領域に留まらない射程を持っていたといえるだろう。

オラール＝マチエ論争

晩年マチエは師オラールとの不和の原因をこう述懐した。「この不和は私の公開審査以来の学問的な理由から始まった。オラールは私が彼の見解を否定したことを非難したのだ。つまり彼にとって革命礼拝は革命防衛の必要手段であったのに対し、私はそれが社会における宗教の役割に関する革命家たちの根本思想に起因していると主張したのである」（ゴルチャック宛書簡）。しかしフリグリエッティも指摘するように、これまでの経緯をみればマチエのこの述懐は信じがたい。少なくとも一九〇七年ごろまで彼はオラールに敬意を払っていた。だが徐々にダントンに好意的だった師から距離をとり、むしろロベスピエール擁護の論陣を張るようになる。同年末にオラールが主催する革命史協会とは別に、「ロベスピエール研究協会」を設立し、その機関誌として『革命年報』（『フランス革命史年報』の前身）を創刊するに至り、師弟の間の不和は決定的となる。この争いにより革命史講座のオラールの後任はマチエではなくサニャックが選出された。

ただ正確にいえば、マチエは新協会を発足した後も、一九〇八年初頭までオラール側の学会誌に論文を投稿しており、協会の発足そのものがオラールの逆鱗に触れたわけではない。論争の直接の契機は意外にもオラールのＨ・テーヌ批判に対する、マチエのテーヌ擁護論であった。もちろんテーヌは当時の代表的な反革命史家であり、マチエがその主張に与したわけではない。オラールはテーヌを歴史学の科学的な要件を満たしていない文人歴史家と批判しておきながら実はオラール自身もさほど違いはないと、マチエはむしろオラールのテーヌ批判をダシにその方法論を批判したのである。これを契機に二人の論争は、共和主義的英雄ダントンの金権政治批判、現代史協会の補助金流用疑惑、オラールの史料改竄疑惑など通常の学術論争を超えて、第三共和政を支持するオラールの旧世代ブルジョワジーと、マチエらの新しい〝七〇年世代〟が拠り所とした社会主義との思想闘争の様相を帯びていく。マチエにとってまさに革命史は現代政治と不可分であった。

その後約二十年にも及ぶこの論争を追跡してもさほど生産的ではないだろう。ただ両者の時系列を見る限り、マチエがロベスピエール再評価に向かったのは、オラールが支持した第三共和政の公式ダントン解釈への批判よりも前であり、一九〇八年以降に爆発するオラール非難が直接の原因だったようには見えない。フリグリエッティやフュレは、ロベスピエール再評価はジョレスその他を介したマチエの社会主義的傾倒が主要因だったとみているが、一九〇七年以前から彼が本領としていた革命宗教研究という別の角度から少し考えてみたい。

先にふれたようにマチエの研究姿勢は、ある出来事の原因を短期的な因果関係や個人の創意に求めず、長期的な時間の流れのなかで理解しようとする点にあった。「最高存在」論文でも、デュルケムや社会学の名こそ出さないが、連盟祭まで遡行する必要が説かれていた。それゆえいずれの祭典であれ、民衆の熱狂の理由は祖国愛という当時の一般的な感情の表出にすぎず、個々の革命礼拝を区別して宗教感情の有無、あるいは個々の祭典の首謀者の意図や神観念のあり様の分析はさして重要ではない。それらは「同じ崇拝であって、常に継続し続け、完成を目指す同一の制度」だからである。そしてここから導かれる結論こそ、ロベスピエールは決して宗教政策を一手に支配するような、最高存在の崇拝の創始者ではなかったという主張である。

これはテルミドール派からオラールに至る講壇歴史学のロベスピエール像の歪曲に対する強烈な批判であった。ただこの主張は当時の史料からロベスピエールの〝真実の姿〟を引き出したというより、『革命宗教の起源』で得られた成果を、師の専売特許だった理性の崇拝と最高存在の崇拝に応用した結果だった。確かにマチエはこの論文でロベスピエールの政治的役割がいかに低く、彼が祭典挙行の主導的立場にいなかったことを史料を駆使して実証的に論証しようとした。しかし、通常ある人物を再評価する場合にこうした論証は少々奇妙ではある。なぜならロベスピエールに固有の思想性や指導性をひたすら相対化し、むしろどこにでもいる——その雄弁力を除けば——フラットな人間として描こうとしているからである。マチエと同輩だったルフェーヴルは追悼文のなかで、革命家たちは英雄というより実はどこにでもいる人間と変わらないとする研究態度のなかに革命史研究へのマチエの貢献を指摘しているが、これは革命の動きを個人の意識よりも集合心性に求めるルフェーヴル自身の群衆論にも通じる社会史の先駆的な視点でもあっただろう（Lefebvre, « L'œuvre historique d'Albert Mathiez », in *Annales historiques de la Révolution française*, t.9, 1932）。

学位論文執筆当初、マチエは自分の社会学的解釈が師との決裂まで発展するファクターとは考えていなかった。だがオラールが「理性の崇拝」に高い評価を与える一方で「最高存在の崇拝」を知的反動だと貶める態度のうちに、単に社会学的視点の欠落に留まらず、徐々にロベスピエール非難の裏にあるダントン擁護の下心に気づきだす。おそらくここから両者の傷口は広がっていった。「清廉の士」（あるいは社会主義）への傾倒がまずマチエにあって、ブルジョワ・イデオロギー批判としてのダントン＝オラール批判に向かったというよりも、それ以前に方法論に無自覚なオラールの革命宗教解釈が発端となって、マチエはロベスピエール擁護に回ったというのがおおよその真相だったのではないだろうか。

　最後に翻訳作業について二点だけ述べておきたい。まず本書のタイトルについて、従来『革命礼拝の起源』と表記されることが多かったが、ここでは『革命宗教の起源』とした。マチエは「最高存在」論文で礼拝《キュルト》は宗教《レリジオン》の感覚的な表現だと述べ、個々の礼拝の総称を宗教と呼んでいることや、原表題も「革命の諸礼拝（*des cultes*）」であり、本書ではタイトルに限り礼拝よりも一般的な宗教の訳を当てることにした。

　次に文章に関して、当時の新聞からの引用文には文意をつかめない個所がいくつかあった。史料を直接閲覧できるものについてはできるだけ引用元にあたるように心がけたが、本書の外国語訳もなく、訳者の浅学ゆえにありうべき悪訳もあるかもしれない。大方のご叱正を得られれば幸いである。

　本書の完成には多くの方の協力を頂いた。訳文に目を通していただいた一橋大学社会学研究科の森村敏己先生には、フランス史の固有名称や明らかな誤訳などを指摘していただき、いつもながら感謝の言葉もない。また多忙ななか解説を快く引き受けてくださった上智大学の伊達聖伸氏、そして最後になったが白水社の竹園公一朗氏に共に厚くお礼申し上げたい。振り返れば一年半前に別の翻訳の企画が諸般の事情で没になり、気持ちの行き場を失っていた頃、竹園氏に勧められたのがこの企画だった。革命史どころか歴史学は門外漢という理由で難色を示した私を毎月新宿の喫茶店で鼓舞してくれる氏の熱意がなかったら、この仕事がひとつのかたちになることはなかったかもしれない。

二〇一二年六月

訳者

解説　マチエの革命宗教論を読む——歴史社会学、政教分離、不安と希望

伊達　聖伸

フランス革命が宗教的な発作として受け取られたのは、おそらく、フランス革命が大いなる希望であったからである。……生まれたばかりの、あるいは、生まれようとする新しい社会は、自己の完璧さを確信し、自らを崇めるのだ。マチエは革命「宗教」の発端の研究を企てた時、デュルケムの考えを当てはめようと試みたが、彼は間違ってはいなかった。

――ジョルジュ・ルフェーヴル『革命的群衆』二宮宏之訳、岩波文庫

デュルケムを読むマチエ、マチエを読むデュルケム

『革命宗教の起源』(一九〇四年)の特徴は、何といっても、マチエがデュルケム社会学の手法を取り入れていることだ。それは特に第一部において目立つ。

デュルケムは、宗教を科学的に扱うには、内的な感情や超自然的な神観念から出発してはならず、外から観察可能な事象を対象にすべきであると論じる。マチエは、「信念」と「実践」の結びつきから宗教現象をとらえるデュルケムの観点を自分のものにしながら、さまざまな革命の祭典や礼拝が、一貫した信仰と儀礼を備えた「革命宗教」であることを示していく。

マチエが社会学の方法を取り入れたのは、オラールが『理性の崇拝と最高存在の崇拝』(一八九二年)で先鞭をつけた研究を深めるためと言ってよいだろう。当時の人文社会科学の中心にあったのは歴史学で、社会学という新興学問の旗手デュルケムは、歴史学の大家セニョーボスと論争している。デュルケム学派の

フランソワ・シミアンは、一九〇三年に論文「歴史の方法と社会科学」を『歴史総合雑誌』に寄せ、伝統的な実証主義的歴史学を強く批判した。シミアンの論文は近代史学会での発表をもとにしたもので、同学会のメンバーにはオラールもマチエもいた（渡辺和行『近代フランスの歴史学と歴史家』ミネルヴァ書房、二〇〇九年、二三六頁）。マチエが『革命宗教の起源』を書いたのは、歴史学と社会学にこのような緊張関係をはらんだ交流が見られた時代であった。

その後マチエが社会学に依拠しなくなったのは、モースからの批判が大きかったようだ。それでも本書には、今日で言う「学際的研究」への関心が窺える。デュルケムはデュルケムでマチエの「歴史社会学」的な研究成果を取り入れている。

デュルケムの『宗教生活の原初形態』（一九一二年）は、オーストラリアのトーテミズムを論じた本で、今日では社会学・宗教学・人類学その他の学問分野で古典の位置を占めている。いくつかの謎を含む重層的な本だが、特に未開社会の分析を革命以降のフランス社会に接続させる議論は唐突な印象を与える。だが、マチエの『革命宗教の起源』を脇に置いて読むなら、その印象は和らぐ。あるいは、「ロベスピエールと最高存在の崇拝」（一九一〇年）において、「革命礼拝の本質」は「超自然的信仰」ではなく、「政治制度そのもの」が礼拝対象である、と書かれている頁を開きながらでもよい。

社会そのものが神になったり、社会が神々を創設したりする事態の好例が、フランス革命の前半期である。そう言ってデュルケムは、数か所の注を設けてマチエの本を引いている。デュルケムは、「祖国」「自由」「理性」など、性質上「純粋にライック」なものが、一般的な興奮のもとで「聖なるもの」になると述べ、「カトリック＝宗教／革命派＝反宗教」という図式に揺さぶりをかける。革命期に創設されようとしていたのは、教義、象徴、祭壇、儀礼を備えた、まぎれもないひとつの宗教だ。自発的に生じた熱望に、公的な形式を与えようとしたのが、理性の祭典であり、最高存在の祭典である。

革命期のさまざまな祭典を、主催者の政治的な意図に還元するオラールに対し、マチエはひとつの全体として把握する。デュルケムも、革命期の宗教を同一性の観点からとらえている。ここには、人間は必ずしも理性にしたがって行動し意図を実現しようとしている主体ではなく、しばしば社会や無意識に突き動かされているという、二十世紀初頭の知の地平が現われている。

デュルケムは、『宗教生活の原初形態』の結論部で、革命信仰が一時的にしか続かず、流産したことを認めながら、それが遅かれ早かれ再び開始されるはずだと述べている。こうデュルケムに語らせたのは、あるいはマチエの次の言葉ではなかったか。「革命宗教は世間で思われているほど完全に姿を消したわけではないし、またもろもろの革命礼拝はいつの日か新たな形で再生する可能性もある」。

ライシテの成立期に、ライシテの起源を読む

『革命宗教の起源』の第二部では、比較的オーソドックスな歴史学と言える手法で、旧宗教（カトリック）から新宗教（革命宗教）への転換が描かれる。聖職者市民法から市民の祭典へといたる革命期の政教関係の変遷が叙述されるなか、政教分離思想の持ち主の言論が丹念に紹介されている点が印象的だ。

マチエが『革命宗教の起源』を執筆していた頃は、革命後のフランスを特徴づけてきた共和派対カトリックの「二つのフランスの争い」が最高潮に達し、政教分離が具体的な日程にのぼってきた時期である。当時三十歳前後のマチエは、一九〇五年の政教分離法を成立に導いた中心人物アリスティッド・ブリアンの参謀の一人だった。つまりこの革命史家は、「ライシテ」（フランス流の政教分離）の基本法が確立する流れのなかで、ライシテの起源を革命期に探っているのである。

マチエによれば、諸教会と国家を分離する考えは一七九一年には出回っていたが、それは真の「ライシテ」の名には値しない。宗教に介入しない中立的な国家という発想は、革命期の愛国者たちには無縁であった。このように述べるマチエは、いかなる視点に立っているのだろうか。

マチエは二つの説を退けようとしているように思われる。ひとつは、ライシテの起源を一七八九年に置く見方である。この時点では、カトリックに代わる宗教を樹立しようとした者も、ライシテに基づく国家を構想した者もいなかった。もうひとつは、ロベスピエールの失脚後に政教分離がなされたという見方である。話が少し込み入るが、マチエが後年発表した論文をもとに検討したい（« La séparation des Églises et de l'État a-t-elle existé réellement sous la Révolution française? », *La Grande Revue*, mai 1928, repris in J.-M. Schiappa, *1905 ! La loi de séparation des Églises et de l'État*, Paris, Syllepse, 2005, pp.15-25.）。

普通は革命期の政教分離と言えば、国家の教会に対する支出の停止と引き換えに宗教の自由な組織を認めようとしたボワシー・ダングラの政令（一七九五年二月）か、共和国がいかなる宗教にも俸給を支払わないことを定めたジョゼフ・カンボンの政令（一七九四年九月）を想起する。この「定説」を支えているのは、聖職者市民法から最高存在の祭典までは宗教と国家は結びついていたが、ロベスピエール失脚後はその絆が断たれた、という理解である。だがマチエは、このような見方を取らない。マチエによれば、カンボンは聖職者から公務員の資格を取りあげる一七九三年九月の法律の段階で分離が完了したと認識していたから、一七九四年の政令は「出発点というより到達点」である。しかも、カンボンの分離は「自由の振る舞いではなく、戦争の振る舞い」である。それは、あらゆる既成宗教を弾圧する一方で、カトリックに代わる市民祭典を創設しようとするもので、カンボンはその儀礼の執行を共和国が独占することを望んでいた。

一九〇五年の政教分離法が制定される前夜の状況に立ち戻ろう。一九〇二年に首相になったエミール・コンブは、修道会や宗教施設に厳しい弾圧を加える一方、共和国がカトリック教会に代わる精神的な教義を備えるべきだと考えていた。コンブの政教分離法案には、教会に自由を与える発想がない。当時これはジャコバン派やロベスピエールの恐怖政治を髣髴とさせ、これには一定数の共和派も不安を覚えた。実際に制定された一九〇五年法は、コンブ案とは異なり、良心の自由および礼拝の自由を保障している。

マチエは『革命宗教の起源』で、立法議会で議論された「国家のライシテ」は、宗教に自由を与えるライシテではなく、宗教に対して好戦的なライシテであったと述べているが、おそらくマチエはここでコンブを念頭に置いている。

ブリアンに近い位置にいたマチエは、コンブの政教分離を真の「ライシテ」とは認めがたかったはずだ。推測だが、ロベスピエールに「独裁者」ではなく「清廉の士」を見るマチエは、コンブをカンボンの再来と見なすことはできても、ロベスピエールとつなぐことはできなかったのではないか。

不安と希望の現代から、マチエを読む

二〇〇五年のフランスは、政教分離法百周年を祝った。ライシテとは、宗教を抑圧するものではなく、宗教の自由と共存を認める原理であることを多くの人が確認した。同年秋、パリをはじめ大都市の郊外では、社会から疎外または排除されていると感じていた若者たちが「暴動」を起こした。そのようななかで、ライシテは共存の原理であると唱えてみても、どこかうそぶいて聞こえる。

このとき、日本を含め、外国のメディアの一般的な論調は、フランスの共和主義的な社会統合政策の「失敗」ないし「限界」を指摘するものであった。二、三年後、あるフランスの社会学者が来日したときの討

論会で、「暴動が起きるフランスも問題を抱えているが、問題があるのに暴動すら起こせない日本はもっと深刻かもしれない」という発言がフロアから出た。

今年（二〇一二年）の三月、マグレブ文学を代表する作家タハール・ベン＝ジェルーンが来日し、池澤夏樹と対談を行なった。議論の中核は、アラブの春と三・一一をいかに受けとめるかであった。ベン＝ジェルーンは、バスティーユ襲撃の報に接したルイ十六世が「暴動か」と尋ねたところ「革命です」と返答されたエピソードに触れ、アラブの春は「革命」ではなく「暴動」の範疇に収まっているかもしれないと発言した。希望の光が一瞬見えたようで続く困難、興奮のなかで味わう失望の感覚に、池澤夏樹は「ぬるい」日本社会の三・一一後の経験を重ねてみせた。あれほどの事故が起こったのだから、少しは社会がよくなるかと希望を抱いたが、実はあまり変わっていない、と。

「希望学」を提唱する玄田有史によれば、ある時期までの日本社会では、希望は前提だったが、現在はその前提が揺らぎ、閉塞感が支配する社会のなかで、希望の姿が見えなくなっている。そうした現実的な危機と不安のなかで、「希望」という言葉自体はむしろ頻繁に使われている。

革命史の泰斗ジョルジュ・ルフェーヴルは、「革命的心性」の顕著な特徴として、「不安」と「希望」の二つを挙げる。フランス革命期の民衆の不安の本質は、自分たちが被害に遭うかもしれないという猜疑心で、希望の本質は、悪しき支配階級が消え去れば全面的な幸福が成就されるという宗教的感性である。「生まれたばかりの、あるいは、生まれようとする新しい社会は、自己の完璧さを確信し、自らを崇める」とルフェーヴルが言うとき、そこにはデュルケムや、「革命信仰の本質」は「新しい政治制度が抱かせる幸福への期待」だと述べるマチエの言葉が響いている。

今日の日本の不安と希望の本質とは何だろうか。たしかに、私たちは新しい政治制度に希望を抱くかもしれない。しかし、それと同等かそれ以上の不安や不信感も抱いてしかるべきである。マチエの議論と今日の状況の差異を正確に測りながら両者を関係づけること。その作業は、諦念と閉塞感のなかで、希望をいかに再構築するかという課題につながっているはずだ。

フランス革命略年表

1789	5. 5	全国三部会召集
	6. 17	第三身分による国民議会の発足
	6. 20	「球戯場の誓い」
	7. 9	国民議会から憲法制定議会へ改称
	7. 14	バスティーユ牢獄襲撃，「大恐怖」始まる
	8. 4	封建的諸特権廃止の決議
	8. 26	人権宣言採択
	10. 5	ヴェルサイユ行進，国王一家パリに連行（十月事件）
1790	7. 2	聖職者市民法成立
	7. 14	シャン・ド・マルスで連盟祭
	11. 27	聖職者に聖職者市民法への宣誓を議会が要求，立憲派と拒否派に分裂
1791	6. 14	労働者の団結禁止（ル・シャプリエ法）
	6. 20	国王一家国外逃亡事件（ヴァレンヌ事件）
	7. 17	シャン・ド・マルスの虐殺
	9. 13	九一年憲法を王が受理
	10. 1	立法議会開始（憲法制定議会解散）
1792	8. 10	チュイルリー宮襲撃事件（王政停止）
	9. 2	九月虐殺
	9. 21	国民公会開始（立法議会解散），戸籍の世俗化と離婚の合法化
	9. 22	共和政宣言，王政廃止
1793	1. 21	ルイ十六世処刑
	3. 10	ヴァンデの反乱
	5. 31	モンターニュ派独裁（ジロンド派追放）
	6. 24	九三年憲法決議
	7. 27	公安委員会にロベスピエール加入
	9. ～	恐怖政治開始
	10. 5	共和暦の採用，この頃から「非キリスト教化運動」開始（～ 94）
	10. 16	マリー・アントワネット処刑
	11. 10	理性の祭典
	11. 24	「革命的名称」の公文書への義務付け開始
	12. 6	礼拝の自由宣言
1794	3. 24	エベール派処刑（ジェルミナル四日）
	4. 5	ダントン派処刑（ジェルミナル十五日）
	5. 7	フロレアル十八日の政令（「フランス人民は最高存在と霊魂不滅を承認」）
	6. 8	最高存在の祭典（プレリアル二十日）
	7. 27	テルミドール九日のクーデター，翌日ロベスピエール処刑
	11. 12	ジャコバン・クラブの閉鎖（ブリュメール二十二日）

白水iクラシックス発刊にあたって

「この現にあるがままの世界が最善のものであるとすれば、さらに幸福な将来を望むことはできない」。

一七五五年十一月一日、巨大な地震が西ヨーロッパを襲いました。とりわけ、当時繁栄を極めたポルトガルの港湾都市リスボンでは、数次にわたる激震と、それに伴う津波と火災で多くの犠牲者を出しました。

冒頭の言葉は、リスボンの被害に衝撃を受けたヴォルテールの所感です。かれの悲痛な叫びによって、この地震の評価は論争の焦点となり、ここに次なる時代を導く新たな萌芽が顕在化してきました。

白水iクラシックスは、哲学・思想の古典をアーカイブしてゆく叢書です。収録される古典はどれも、ある社会の岐路に可能性として萌し、世代を越え時代を越え、思いがけない枝を伸ばしながら実を結び、そして幾たびも蘇ってきた、いわば思惟の結晶といえるものです。

いま「幸福」と「希望」の根源的再考が求められています。〈i=わたし〉を取り巻く世界を恢復する一助として、この叢書が資することを願っています。

二〇一二年三月十一日　白水社

杉本隆司（すぎもと・たかし）
一九七二年生まれ。一橋大学大学院社会学研究科博士課程修了。博士（社会学）。ナンシー第二大学DEA課程修了。現在、一橋大学大学院社会学研究科特別研究員。主な著書に『社会統合と宗教的なもの――十九世紀フランスの経験』（共著、白水社）があるほか、ド・ブロス『フェティシュ諸神の崇拝』（法政大学出版局）を翻訳して日仏社会学会奨励賞を受賞。

〈白水iクラシックス〉

革命宗教の起源

二〇一二年七月一日印刷
二〇一二年七月二五日発行

著者　アルベール・マチエ
訳者　©杉本隆司
装丁　緒方修一
発行者　及川直志
発行所　株式会社白水社
電話　〇三-三二九一-七八一一（営業部）七八二一（編集部）
住所　〒一〇一-〇〇五二　東京都千代田区神田小川町三-二四
http://www.hakusuisha.co.jp
振替　〇〇一九〇-五-三三二二八
印刷所　大日本印刷株式会社
製本所　大日本印刷株式会社

乱丁・落丁本は送料小社負担にてお取り替えいたします。

Printed in Japan
ISBN978-4-560-09607-9

キリスト教の精神とその運命

G・W・F・ヘーゲル
細谷貞雄、岡崎英輔 訳
長谷川 宏 解説

弁証法論理の原初形態としてイエスの「愛」による主体と客体の止揚が打ち出され、その愛自体が運命の必然によって乗り越えられてゆくことを示した若きヘーゲルの記念碑的著作。

ルソー・コレクション

ルソー・コレクション 起源

ジャン＝ジャック・ルソー
川出良枝 選・解説
原 好男、竹内成明 訳

貧富の差、巧妙な圧制、隷属状態に甘んじる文明人の精神の荒廃。数々の悲惨は、いつ、いかなる経緯で生じたのか？『人間不平等起源論』『言語起源論』を収録。

ルソー・コレクション 文明

ジャン＝ジャック・ルソー
川出良枝 選・解説
山路 昭、阪上 孝、宮治弘之、浜名優美 訳

震災の被害はどう弁証すればいいのか？『学問芸術論』『政治経済論』『ヴォルテール氏への手紙（摂理に関する手紙）』他を収録。

〈続刊〉
ルソー・コレクション **政治**（「コルシカ憲法草案」「ポーランド統治論」収録）
ルソー・コレクション **孤独**（「孤独な散歩者の夢想」収録）